Guillén de Castro

Los malcasados de Valencia

Barcelona **2024**
Linkgua-ediciones.com

Créditos

Título original: Los malcasados de Valencia.

© 2024, Red ediciones S.L.

e-mail: info@Linkgua-ediciones.com

Diseño de cubierta: Michel Mallard.

ISBN tapa dura: 978-84-9953-836-5.
ISBN rústica: 978-84-9816-805-1.
ISBN ebook: 978-84-9953-317-9.

Sumario

Brevísima presentación

La vida

Guillén de Castro (Valencia, 1569-Madrid, 1631). España.

Fue capitán de caballería, gobernador de Scigliano en Nápoles y en Madrid secretario del marqués de Peñafiel. Muy cercano a Lope de Vega, formó parte de la Academia de los nocturnos, la única academia que publicó en actas los poemas discutidos durante sus reuniones semanales y que radicó en Valencia entre 1591 y 1593. Murió en la pobreza y un tanto olvidado.

Personajes

Don Álvaro,
Hipólita, su mujer
Valerián, caballero
Doña Eugenia, su mujer
Leonardo, caballero, hermano de Hipólita
Elvira, dama
Galíndez, escudero
Pierres, criado
Dos Pajes
Un Alguacil y algunos Ministros
Dos Gabachos

Jornada primera

Salen Valerián y Hipólita.

Valerián   Téngote infinito amor;
                     escucha.

Hipólita   Bueno sería...
                     Esto merece quien fía
                     de ti su hacienda y honor,
                       pues alargando el poder,
                     con infame presupuesto,
                     dejas de mirar por esto
                     y miras a su mujer;
                       refrena tu libertad
                     o vete de mi presencia;
                     que entre amigos el ausencia
                     es prueba de la amistad.
                       ¿No advirtieras, alevoso,
                     que quien de ti se ha fiado,
                     está ausente y es honrado,
                     es tu amigo y es mi esposo?
                       ¿No ves, aun estando ciego,
                     tu locura y tus antojos?

Valerián   ¿Qué importa, si de tus ojos
                     vi salir rayos de fuego?
                       Y aunque los vi, tales fueron,
                     que la huida me estorbaron,
                     porque en mi pecho se entraron
                     tan presto como salieron;
                       pues si me siento abrasar
                     con ellos el pecho mío,
                     esclavo de mi albedrío,

| | ¿qué haré? |

| Hipólita | Morir y callar;
  amistad de tantos años
olvida tu pecho injusto
por el fin de solo un gusto,
principio de muchos daños.
  Vete, que sin duda imitas
al más traidor corazón. |

| Valerián | No encarezcas mi traición,
porque mi amor acreditas. |

| Hipólita | ¿De qué suerte? |

| Valerián | Escucha un poco,
espera. |

| Hipólita | ¿Qué he de escuchar? |

| Valerián | A mí me quiero alabar,
en prueba de que estoy loco.
  ¿Soy bien nacido? |

| Hipólita | Sí. |

| Valerián | ¿Estoy
obligado a tu marido? |

| Hipólita | Sí. |

| Valerián | Y honrado ¿habrélo sido? |

| Hipólita | Sí. |

Valerián	Pues mira lo que soy,
	y tu corazón se ablande,
	de tan grande amor movido,
	que en lo mucho que ha vencido
	echarás de ver que es grande;
	y si esto adviertes, verás
	que mi gusto satisfaces
	cuando más traidor me haces,
	porque le acreditas más.
Hipólita	Suelta.
Valerián	Dichoso traidor.
Hipólita	Y yo desdichada, ¡ay triste!
Valerián	Pues en mi traición consiste
	la fineza de mi amor.

Sale Galíndez, escudero viejo.

Galíndez	Hoy se acaba de tu ausencia
	el pesar.
Hipólita	¿Qué dices?
Galíndez	Vi.
Hipólita	¿A quién?
Galíndez	Sosiégate.
Hipólita	Di,

	¿no dices...?
Galíndez	Que está en Valencia don Álvaro, mi señor.
Hipólita	¡Con qué flema!
Galíndez	Llega agora.
Hipólita	¿Tú le has visto?
Galíndez	Sí, señora.
Valerián	¿Y está en casa?
Galíndez	Sí, señor.
Valerián	Perdido soy.
Hipólita	Ven.
Valerián	Advierte que no sepa...
Hipólita	Calla, loco; no lo estimo yo tan poco, que le obligue desta suerte; que la que sabe tener por sí su honor defendido, sin obligar al marido, es honrada y es mujer.
Galíndez	Ya no te queda lugar de salir a la escalera.

Hipólita	Hasta la calle quisiera, para abrazalle, bajar.

Salen don Álvaro y Elvira, en hábito de paje.

Elvira	¿Casado?
Don Álvaro	Y arrepentido... disimula.
Elvira	¿Y no es mejor acabarme?
Don Álvaro	De tu amor mi libertad ha nacido... Perdona
Hipólita	¡Señor!
Don Álvaro	¡Señora!
Hipólita	Mil gracias doy a los cielos.
Elvira	(Agora muero de celos.) Aparte.
Valerián	(De envidia me abraso agora.)
Don Álvaro	Perdonadme, si primero mis brazos no habéis tenido.
Valerián	Vos seáis muy bien venido, ya vuestros brazos espero.

Don Álvaro	Tomad, que pocos son dos.
	Agradecedme infinito
	que deste cuello los quito
	para dároslos a vos.
Valerián	(Venturoso él que la goza.) Aparte.
	Pues ¿don Álvaro?
Hipólita	(¡Ah, traidor!)
Valerián	¿Cómo os ha ido?
Don Álvaro	Mejor
	que imaginé.
Valerián	Es Zaragoza
	un cielo.
Elvira	(¡Ay, patria querida!)
Don Álvaro	Hermoso lugar.
Valerián	Famoso.
Don Álvaro	Aquella calle del Coso
	he llorado a la partida.
Valerián	¿Qué cosas habrán pasado
	por vos?
Don Álvaro	Extrañas, a fe.
	Después os las contaré,
	con espacio y con cuidado.

Valerián	Adiós.
Don Álvaro	¿Os vais?
Valerián	Luego vengo con mi mujer.
Don Álvaro	Bien hacéis.
Valerián	Y del gusto que tenéis tendrá parte.
Hipólita	Mucho tengo; con todo le crecerá esa merced.
Valerián	(Pues yo voy muriendo.)
Elvira	(Rabiando estoy.)
Hipólita	(Gracias a Dios que se va.) Aparte.
Don Álvaro	Pues ¿cómo tan triste estáis?
Hipólita	Harta causa me habéis dado. Pues el Coso habéis llorado, algo en el Coso dejáis; hay muchas damas...
Elvira	(¡Ay, Dios!)
Hipólita	...en Zaragoza...

Elvira	(¡Ay, fortuna!)
Hipólita	Y temo que más de alguna lo habrá sido para vos. ¡Qué de gusto habréis tenido con ellas!
Don Álvaro	Que iguale al vuestro no hay ninguno.
Elvira	(Eres maestro de engaños) ¿A qué he venido?
Hipólita	¡Y qué! ¿No he sido ofendida de vos?
Elvira	(¡Terribles enojos!)
Hipólita	Juraldo.
Don Álvaro	Por vuestros ojos.
Hipólita	Jurad más.
Don Álvaro	Por vuestra vida.
Hipólita	Y por la vuestra jurad.
Don Álvaro	¿Luego la vuestra no es mía?
Hipólita	Sí, mi bien.
Don Álvaro	Pues, mi alegría, dadme crédito.

Hipólita	Escuchad...
	   que, con todo, no lo creo,
	que mozo y en Zaragoza,
	alguna ocasión forzosa
	dio lugar a un mal deseo.
	   ¿Qué habéis hecho?

Don Álvaro	He negociado.
Hipólita	¿Todo negociar ha sido?
Don Álvaro	He paseado.
Hipólita	¿Y servido a damas?
Don Álvaro	No.
Hipólita	¿Ni hablado?
Don Álvaro	Ni hablado.
Hipólita	A más de dos habréis mirado.
Don Álvaro	No, a fe.
Hipólita	Yo lo dudo.
Don Álvaro	Y yo lo sé.
Hipólita	¿No, de veras?

Don Álvaro	No, por Dios,
	    y dejadme, por los cielos,
	que tan sin tiempo y tan juntas
	me cansan tantas preguntas,
	tanto enfado y tantos celos.
	    Agora llego.

Hipólita	¿Y te alborotas?
Don Álvaro	Dejárades...
Hipólita	¡Pena fiera!
Don Álvaro	...que me quitara, siquiera, las espuelas y las botas. Quita, Antonio, esas espuelas.
Hipólita	Quítalas, y con razón las pondré en mi corazón, para irme...
Elvira	Quitarélas.
Hipólita	Para no cansarte más, iréme. (El alma desmaya de pena.)

Vase.

Don Álvaro	Contigo vaya la congoja que me das. Llorando va. ¡Oh matrimonio! yugo pesado y violento, si no fueras sacramento,

18

dijera que eras demonio.

Elvira   Tú lo fuiste para mí.
¿Parécete, fementido,
que tu mal término ha sido
de caballero?

Don Álvaro   No y sí;
   no, porque he sido dichoso,
de una mentira ayudado;
y sí, porque, enamorado,
no es falta el ser mentiroso.

Elvira   Siempre afrenta viene a ser
el mentir, villano.

Don Álvaro   Mira
que no afrenta una mentira
cuando engaña a una mujer;
   porque en su misma hermosura
halla disculpa su engaño.

Elvira   ¡Qué buen argumento! ¡El daño
crece y la paciencia apura!
   Siendo casado, traidor,
divertirme el pensamiento,
ofrecerme casamiento y
ofenderme en el honor;
   y haberme, infame, traído,
donde rabio, lloro y peno...
propio efeto del veneno
que por la vista he bebido,
   ¿fue buen término, es buen trato?
Y decirme que, a esta casa

yendo -¡el alma se me abrasa!-,
que es de tu prima, ¡ingrato!

Don Álvaro   Verdad dije.

Elvira   ¿Puede ser
que a esta cólera resisto?

Don Álvaro   Porque esta mujer que has visto,
es mi prima y mi mujer.

Elvira   Pues tal rabia me provoca,
las voces pondré en el cielo.

Don Álvaro   Porque calles, en el suelo
pondré mil veces la boca.
      Sosiégate.

Elvira   ¡Hay tal traición!

Don Álvaro   Escucha; traidor he sido,
mas tu belleza ha tenido
por disculpa mi traición.
      Mira mi disculpa en ti,
y perdóname también,
porque el ser casado ¿a quién
le da pena más que a mí?
      Pues te aseguro que es tanta,
y tanto ofenderme pudo,
que del matrimonio el ñudo
llevo siempre en la garganta;
      y pues tu amor me obligó
a recebir tus mercedes,
desátale tú, si puedes,

y seré el dichoso yo.
      Que disimules espero,
mi bien, si el mío previenes.

Elvira   Fuerza en las palabras tienes,
                  ¡ay, embaidor, hechicero!
                     Muerto y engañado me han,
                  porque hasta el alma se entraron;
                  mas una vez me engañaron,
                  y otras mil me engañarán.

Don Álvaro   Quisiera, para pagarte...
                  Valerián y su mujer
                  han llegado.

Elvira   ¿Qué he de hacer,
                  si es forzoso el adorarte?

Salen Valerián y doña Eugenia.

Eugenia   (Temblando a los ojos voy
                  de un enemigo adorado.)
                  Después de ser bien llegado,
                  perdonad, que muerta estoy,
                     en subiendo una escalera.

Valerián   Ya se os parece en la cara.

Don Álvaro   Descansad.

Eugenia   (Yo descansara
                  si en vuestros brazos pudiera.)

Don Álvaro   ¿Queréis algo?

Eugenia	Mi señora Hipólita ¿dónde está?
Don Álvaro	Avisaréla y saldrá: creo que está llorando agora.
Valerián	¿Qué? ¿Son celos, celos son?
Don Álvaro	Está del todo insufrible.
Valerián	¿Por eso se entró?
Don Álvaro	Es terrible, ya sabéis su condición.
Valerián	Pues doña Eugenia ha venido cansada.
Don Álvaro	Entrad vos por ella.
Valerián	(Sí haré, que muero por vella.)

Vase.

Eugenia	(En buena ocasión te has ido. ¿Cómo haré que solo quedes?) ¿Hay buen agua?	Aparte.
Don Álvaro	Ve al momento a traella.	
Elvira	Soy de viento.	

Vase.

Eugenia   (¡Ay, ocasión, cuánto puedes!)

Don Álvaro   Pues, señora, ¿hate pasado
el cansancio?

Eugenia   Agora es más;
tócame el pulso, y verás
cómo lo tengo alterado.
            Llega, toca.

Don Álvaro   Ya estoy viendo
que anda libre, y que es liviano.

Eugenia   ¡Ay de mí!... Dame la mano,
y verás que estoy ardiendo.

Don Álvaro   Cosa extraña ¡Ya esto pasa
de límite! Mala estás,
y eres mala.

Eugenia   Aprieta más,
si no es que mi ardor te abrasa.

Don Álvaro   Eso temo. ¿Aún tus antojos
duran?

Eugenia   Llega...

Don Álvaro   No es razón.

Eugenia   ... a tocarme el corazón.

Don Álvaro	Ya te lo veo en los ojos.
Eugenia	Pues mi mal averiguado, ¿por qué el remedio dilatas, que está en tu mano?
Don Álvaro	¿Eso tratas?
Eugenia	Cruel eres.
Don Álvaro	Soy honrado; mil veces te respondí a eso, que no ha lugar; ¿qué porfías?
Eugenia	Quiero hallar entre mil noes un sí, por si en alguna ocasión le alcanzare desta suerte, como el que saca una suerte entre mil que no lo son.
Don Álvaro	Pues no cansarte es mejor, cuando resuelto te digo que soy de tu esposo amigo y nunca he sido traidor. Y aproveche, el prevenirte, por remedio a tus locuras; que esa suerte que procuras siempre en blanco ha de salirte,
Eugenia	Bien me tratas.
Don Álvaro	Este trato

es muy propio de quien soy.

Eugenia   ¿Estás resuelto?

Don Álvaro   Sí estoy.

Eugenia   Pues ¿cómo es posible, ingrato,
                   que tú, que con mil mudanzas
                 pones el seso en los pies,
                 y siguiendo a cuantas ves,
                 a cuantas puedes alcanzas,
                   sin dejar un solo tilde
                 cuando la ocasión te llama,
                 desde la altanera dama
                 hasta la fregona humilde,
                   haciendo este efeto en ti
                 tu natural condición,
                 hagas piedra el corazón
                 solamente para mí?

Don Álvaro   Aunque con tal libertad seguir
                 mis gustos pretendo,
                 ha de entenderse no habiendo
                 obligación de amistad;
                   que con ella, es trato injusto,
                 y es afrenta el ser traidor,
                 y en habiendo ley de honor,
                 es ninguna la del gusto,
                   si es una fe prometida
                 la buena amistad; porque
                 el que la rompe no ve
                 que, en efeto, es fe rompida,
                   y para mí indicios da,
                 siendo de la fe enemigo,

el que la rompe a un amigo,
de que a Dios la romperá.

Eugenia   ¡Bravo, amigo! Dame que
pruebe de las penas mías
tu pecho, y luego serías
un hereje de esta fe.
   ¡Della mil veces reniego,
que es en mi daño! ¡Estoy loca!

Don Álvaro   Ya viene el agua.

Eugenia   Y es poca
para apagar tanto fuego.

Sale Elvira con un vaso de agua y una conserva.

Elvira   Esta conserva pedí,
y por eso habré tardado.

Eugenia   (Más tarde hubieras llegado,
más a tiempo para mí.)
   ¿Es tu privanza este paje?

Elvira   Agora que te he servido,
dichoso diré que he sido.

Eugenia   Buena cara y buen lenguaje.

Don Álvaro   ¿No comes?

Eugenia   He merendado.

Elvira   Mira que estás encendida.

Eugenia	Lo que perdí a la subida desta escalera he cobrado, que es el color. Bebe del agua.
Elvira	Suerte ha sido... ¡Ay de mí, que no podré!
Eugenia	¿Qué dices?
Elvira	Que suerte fue poder cobrar lo perdido.
Eugenia	Bien has dicho.
Don Álvaro	Es bachiller.
Elvira	Y licenciado.
Eugenia	Solene bellaco parece, y tiene voz y cara de mujer.
Elvira	(¡En qué me has puesto fortuna!)

Vase.

Eugenia	A quererme...
Don Álvaro	¿Perseveras en tu intento?
Eugenia	Aunque no quieras,

	habré de serte importuna.
	¡Ay, don Álvaro!
Don Álvaro	Seré
	siempre honrado.
Eugenia	Daré quejas
	de ti al mundo, si no dejas
	por esta secta esta fe.
Don Álvaro	Pues la conoces, advierte
	que te pierdes, si eres cuerda,
	y déjame.
Eugenia	Aunque me pierda.
Don Álvaro	¿Qué has de hacer?
Eugenia	Mi bien, quererte.
Don Álvaro	Ya de límite ha pasado
	tu locura.
Eugenia	Estoy perdida.

Salen Valerián y Hipólita sin ver a los otros.

Hipólita	Refrénate, por tu vida.
Valerián	No me deja mi cuidado.
Don Álvaro	Suelta.
Eugenia	Aguarda.

Don Álvaro	¿Quién tal dice?
Valerián	Estoy loco.
Don Álvaro	Extraña estás.
Hipólita	Haré, si porfías más, que el mundo se escandalice.
Eugenia	¡Señor mío!
Hipólita	(¡Ay, cielo!)

Vense los unos a los otros.

Don Álvaro	Advierte quién ha entrado.
Eugenia	(¡Ay, desdichada!)
Don Álvaro	Disimula. (Ya me enfada tardar tanto.)
Hipólita	(¡Trance fuerte!) ¿Si te ha oído?
Valerián	¿Que fue, el vellos, desta suerte?
Eugenia	Espera.
Hipólita	Espera.

Valerián	¿Qué hay, don Álvaro?
Don Álvaro	Quisiera sacalla por los cabellos, porque el no salir...
Valerián	Escucha.
Don Álvaro	...Hipólita...
Valerián	Ya salía.
Don Álvaro	...es mucha descortesía, y mala crianza mucha.
Eugenia	(Muerta quedo de cansada, por tenelle; mal lo hace.)
Valerián	(Muerto estuve.)
Hipólita	(Todo nace de ser yo tan desdichada. Mayor daño he recelado.)
Valerián	(Mayor desdicha he temido.)
Eugenia	(Sobrada suerte he tenido.)
Don Álvaro	(Medio bien se ha remediado.)
Valerián	Ahora bien, yo estoy contento que de algún provecho fuese el porfialle que abriese la puerta de su aposento.

Don Álvaro	Buen disparate encerrarse, cuando tú haciéndole estás merced.
Hipólita	A sabello; mas buen término ha de esperarse de una mujer como yo: perdonad, señora.
Eugenia	Bien; agora las manos se den, y el que me dijere no, espere mi desafio, que siempre corta mi espada, aunque en la lucha pasada me dejaron muy sin brío.
Valerián	Bien decís, yo soy juez desta causa.
Don Álvaro	Y yo me allano.
Valerián	Llegad, y dadme esa mano.
Hipólita	Desposadnos otra vez, que es sin duda que conviene; pues que dicen, y yo apruebo, que es mejor hacer de nuevo a lo que enmienda no tiene.
Don Álvaro	Yerro a yerro añadirá, si el primero no deshace; que de nuevo no se hace

lo que deshecho no está.

Hipólita	¿Queréis vos que se deshaga?
Don Álvaro	(¡Ojalá pudiera ser!)

Sale huyendo Elvira, y tras ella Galíndez.

¡Antonio!

Galíndez	Le he de meter por la barriga esta daga.
Don Álvaro	¡Deteneos!
Elvira	Es viejo loco.
Galíndez	Es un rapaz.
Valerián	Bueno es esto.
Galíndez	¡Qué desvergüenza!
Elvira	¡Qué gesto!
Galíndez	Aun aquí me tiene en poco; ¡por san Jorge!
Elvira	No reserva a los santos.
Don Álvaro	¡Cortesía, Galíndez!

Galíndez	Señor...
Elvira	Salía con el agua y la conserva; la conserva me tomó por fuerza.
Galíndez	¿Yo, fementido?
Elvira	Y en habiéndola comido...
Don Álvaro	Sosegaos.
Galíndez	Señor, mintió.
Elvira	... bebióse el agua, y despúes dijo que estaba caliente; Yo entonces...
Galíndez	¡Mil veces miente!
Elvira	... fiándome de mis pies, di en el vaso una puñada porque él le volvió a la boca, y pesóme, que era poca el agua.
Eugenia	Gracia extremada.
Elvira	Y huyendo vine do estás, a valerme.
Galíndez	¡Oh gran traidor! En lo postrero, señor,

	ha dicho verdad, no más.	
	¡Es bellaco a maravilla!	
Valerián	El cuento ha sido extremado.	
Galíndez	Las narices me ha dejado sin olfato y sin ternilla; y si tú...	
Don Álvaro	No te alborotes; Antonio, ¿paréceos bien? Yo mandaré que le den muchas docenas de azotes.	
Galíndez	Yo lo haré, como tú quieras.	
Don Álvaro	En buen hora.	
Eugenia	Cuento rico.	
Elvira	(¡A qué de burlas me aplico por disimular mis veras!)	Aparte.
Don Álvaro	Ahora pasemos la tarde con algo.	
Valerián	Rebién dijiste.	
Hipólita	Sentémonos.	
Eugenia	No estés triste, señora, si Dios te guarde.	
Hipólita	Pues a tu servicio estoy,	

	bien, como quiera, estaré.	
Don Álvaro	La mano le besaré.	
Hipólita	Sí, cierto.	
Elvira	(Infelice soy.)	Aparte.
Valerián	(¡Qué de invidia...	
Eugenia	(¡Qué de fuego...	
Valerián	... me ofende!)	
Eugenia	... me ha de abrasar!)	
Don Álvaro	¿A qué podremos jugar?	
Valerián	Inventa a tu modo el juego.	
Don Álvaro	El de las letras se emplea bien donde hay tanto saber.	
Valerián	Pero muchos ha de haber que le jueguen.	
Don Álvaro	Así sea.	
Eugenia	Galíndez jugar podrá.	
Hipólita	¿Y sabrá bien?	
Don Álvaro	Y Antoñuelo.	

Galíndez	Como no lo sé, recelo...
Don Álvaro	Su discurso os lo dirá.
Valerián	Si queréis reír un poco, suba un lacayo gabacho.
Don Álvaro	¿Es Pierres?
Valerián	Sobre borracho, tiene una punta de loco.
Don Álvaro	Suba, pues. Llamalde, Antonio.
Elvira	Y aun en su mismo lenguaje. ¡Musiur Pierres!

Vase.

Valerián	No es el paje mala pieza.
Don Álvaro	Es un demonio.
Galíndez	A ése es bien que le iguales.
Don Álvaro	Tomad letra.
Eugenia	Escogeré la primera, A.
Don Álvaro	Y yo E, que es segunda en las vocales.

Valerián	Yo la tercera, que es I.
Eugenia	¿No escogéis?
Hipólita	¿Ycuál? ¡Ay, Dios! La A, que tomastéis vos, era propia para mí.
Eugenia	Tomalda, pues.
Hipólita	No la quiero; poco importa; escojo pues.
Eugenia	Como la primera es, topé con ella primero.
Hipólita	C no es mala.
Galíndez	Algunas cosas sé yo...
Valerián	Tu intento penetra.
Galíndez	... que empiezan por esa letra, no muy buenas.
Don Álvaro	Y forzosas.
Valerián	Buen gusto Galíndez tiene; tome letra.
Galíndez	Tomaré.
Don Álvaro	¿Viene Pierres?

Galíndez	T
Valerián	¿T?
Galíndez	T.

Salen Elvira y Pierres.

Valerián	Ya buen tiempo.
Elvira	Pierres viene.
Pierres	¿Qué domana vostra encé?
Valerián	Ven acá, ¿sabes leer?
Pierres	Obe paz.
Valerián	Has de escoger una letra.
Pierres	¿E para qué?
Valerián	Tómala, y luego verás lo que con ella se hace, que es un juego.
Pierres	Que mi place. R.
Don Álvaro	Trabajo tendrás. Escoja Antoñuelo agora.

Elvira	Lo peor escogeré si lo pienso. Tomo D.
Don Álvaro	Pues va de juego, señora.
Eugenia	Tócame el ser la primera.
Don Álvaro	Di, señora.
Hipólita	No es razón.
Eugenia	Pues yo salí de Aragón.
Valerián	Dadme una prenda cualquiera.
Eugenia	¿Por qué?
Valerián	Porque habéis errado, pues Aragón no es lugar, sino Reino.
Don Álvaro	No hay dudar.
Hipólita	Dalde prenda.

Eugenia	Ya la he dado.
	    Prosigo: llegué a Almería,
	donde posada tomé,
	y unos huéspedes hallé,
	que él Antonio se decía
	    y ella Ana, y un galán,
	que mi camino siguió,
	Álvaro.

Valerián	Bien.
Don Álvaro	No era yo.
Valerián	Por Dios, que celos me dan.
Hipólita	Y yo los tengo también.
Valerián	A los dos pienso vengar.

Eugenia	Trajéronnos de cenar,
	por principio, ¡ay, Dios!, y ¿quién
	   me ayuda? Alcachofas; luego,
	por medios, un Anadino,
	por postres, bien imagino,
	Almendras; agora llego
	   a lo más dificultoso.

Don Álvaro	Al galán ¿qué le dijiste?
Eugenia	No sé qué me diga, ¡ay triste!, que era como el Agua hermoso.
Valerián	¿El agua es hermosa?
Eugenia	Es clara, que es la hermosura mayor.
Elvira	Mas esa dice mejor en el trato que en la cara.
Hipólita	Bien dice, por vida mía.
Don Álvaro	Es rapaz. Di.

40

Eugenia	Estoy en calma.
Don Álvaro	¿Dijístele?
Eugenia	Como el Alma le dije que le quería.
Galíndez	Bien, por san Jorge.
Hipólita	¿Eso pasa? Mucho sabes deste juego.
Eugenia	¿Búrlaste? (Más sé del fuego con que el alma se me abrasa.)
Valerián	Tócame a mí.
Don Álvaro	Por la mano.
Valerián	De Ita salí y llegué a Illescas, donde posé en la posada de Ircano.
Eugenia	Venga prenda, errasteis.
Valerián	¿Cómo?
Eugenia	No hay santo que así se diga.
Don Álvaro	Dice bien.
Valerián	Toma esta liga.

Eugenia	Baste el guante, el guante tomo.
Pierres	Es el diable nostra ama.
Eugenia	Calla, loco.
Valerián	Digo, pues, que era la huéspeda Inés. Ya me vengo: era la dama Ipólita.
Don Álvaro	Bien, por Dios.
Valerián	Y no os maraville el ver que quiero vuestra mujer, pues la mía os quiere a vos.
Galíndez	Buena venganza.
Don Álvaro	Extremada.
Hipólita	Como imposible.
Valerián	Y forzosa.
Eugenia	Cosa de donaire.
Elvira	Y cosa en el mundo bien usada.
Pierres	O pas pardiu.
Don Álvaro	Buenos van.

Valerián	Es gente toda de humor.
Don Álvaro	Vaya de juego.
Hipólita	(¡Ah, traidor!) Sepamos qué cenarán.
Don Álvaro	Como sois la convidada, daos pena.
Eugenia	Graciosa cosa.
Don Álvaro	Que sois muy...
Eugenia	Deja el golosa, y añadid al muy: honrada.
Don Álvaro	No habléis veras.
Hipólita	Lo que digo también ha sido burlar. ¿Qué tuvimos de cenar Valerián?
Eugenia	Bien.
Valerián	Prosigo: por principios hubo Inojo marino, ¿qué más diré? Hígado.
Don Álvaro	Ya erraste.
Valerián	¿En qué?

Don Álvaro	Por hache.
Valerián	Gentil antojo.
Don Álvaro	Ésa es la letra primera: Hígado.
Valerián	Tienes razón, mas sirve de aspiración.
Don Álvaro	Pues pase, prosigue.
Valerián	Espera.
Eugenia	Los postres tienes de dar.
Valerián	¿Qué daré por postres? Doy HIgos.
Hipólita	Su enemiga soy.
Galíndez	Quien los coma ha de faltar.
Hipólita	Buena es la oferta.
Eugenia	Extremada.
Galíndez	Cosas blandas comerélas, porque a la boca sin muelas todo lo blando le agrada.
Valerián	Que es como el Iris divino hermosa la dama mía,

44

	le dije, y que la quería.
Eugenia	¿Cómo a quién?
Valerián	Como Imagino.
Elvira	¿Cómo tiene de explicarse eso?
Don Álvaro	¡Ah, rapaz!
Galíndez	Preguntó muy bien.
Valerián	Lo que quiero yo solo puede imaginarse.
Galíndez	Respondió discretamente.
Don Álvaro	Harto bien dijo.
Eugenia	En efeto, tengo un marido discreto.
Elvira	Bien ha dicho, si no miente, que siempre
Don Álvaro	¿No callarás?
Elvira	... en los negocios de amor los que lo dicen mejor ésos suelen mentir más.
Eugenia	Pieza es de rey.

Valerián	Bien decís.
Hipólita	¿Has tú sido enamorado?
Don Álvaro	Es bellaco.
Pierres	A clau pasado.
Galíndez	¿Han visto el chisgaravís?
Don Álvaro	Decid, señora.
Hipólita	Salí de Çaragoça.
Elvira	¡Qué pena!
Hipólita	Llegué de allí a Cartagena. Por huéspedes tuve allí a Caín.
Don Álvaro	¡Extraño nombre!
Hipólita	Tengo siempre por mejor un huésped que es matador de mi gusto.
Eugenia	Al fin es hombre.
Valerián	Bien dice.
Don Álvaro	Ya se encamina a su tema, cosa brava.

	¿La huéspeda se llamaba?
Hipólita	Llamábase Catalina. Era Cosme mi enemigo.
Don Álvaro	ése es mi nombre segundo.
Hipólita	Pues ¿quién sino tú en el mundo viniera a cenar conmigo?
Don Álvaro	¿Por eso escogido le has?
Hipólita	El que te sobró escogí, porque yo tomo de ti lo que sobra a las demás.
Valerián	¡Oh, qué bien!
Galíndez	Divina cosa.
Eugenia	Eres en todo perfeta.
Elvira	Eres honrada y discreta, y por eso eres celosa.
Don Álvaro	La vida, ¡por Dios!, me dais. Callad todos, por los cielos, que me matará con ellos si el tenellos le alabáis. Di el principio.
Hipólita	Calabazas.
Don Álvaro	Buen principio.

Hipólita	De contino, cuando en el aire, mohíno, torres fabricas y trazas, me las das tú, cuando quiero algo acaso preguntarte. Y estas mismas quiero darte.
Valerián	Bien, a fe.
Hipólita	Y después Carnero.
Galíndez	También esto toca historia.
Hipólita	Y en mi frente viene escrita.
Valerián	¿No tiene gracia?
Eugenia	Infinita.
Don Álvaro	Dios le dé infinita gloria.
Hipólita	Para sacaros de pena.
Elvira	Ya eso es malicia.
Hipólita	Y no engaños.
Don Álvaro	Dios os guarde muchos años.
Eugenia	Dad los postres desta cena.
Hipólita	Celos fueron.

Don Álvaro	¡Por los cielos!,
	la mayor verdad es ésa;
	porque jamás en mi mesa
	se vio comida sin celos.
Valerián	El manjar hacen sabroso
	cuando por salsa les dan.
Eugenia	¿Qué le dijiste al galán?
Hipólita	Que era como el Cielo hermoso.
Don Álvaro	¡Con qué extremo lo encarece!
Hipólita	Y no es mucho encarecello,
	pues le quiero como aquello
	que él en mí más aborrece.
Don Álvaro	Y ¿qué es eso?
Hipólita	El Corazón.
Eugenia	Bien quedan averiguados.
Elvira	Las riñas de los casados
	vísperas de paces son;
	que no tienen gusto igual
	las almas al fin.
Don Álvaro	Antonio,
	deudas son del matrimonio.
Hipólita	Ya veces se cobran mal.

Don Álvaro	Ahora yo comenzaré.
	E tengo; saliendo, pues,
	de écija, difícil es,
	a Emaús.
Hipólita	Ya erraste.
Don Álvaro	¿Erré?
Valerián	Bien ha dicho, pues llegaste
	a Emaús, y ése es castillo,
	y no lugar.
Hipólita	Oí decillo
	por ventura.
Don Álvaro	Yo erré; baste.
Galíndez	Bien se pudiera acordar
	de que iba ese camino
	aquel solo peregrino.
Don Álvaro	Helo sido en ignorar.
Hipólita	En muchas cosas lo eres.
Don Álvaro	Como tú en la condición.
Hipólita	Venga prenda.
Don Álvaro	Tuyas son
	cuantas tengo y tú quisieres...
	Toma.

Hipólita	Bastará el sombrero.
Don Álvaro	El nombre del huésped era Esteban...
Eugenia	¿Huéspeda?
Don Álvaro	Espera... Eufemia.
Hipólita	La dama espero.
Don Álvaro	Ocasión me da la E para vengarme.
Valerián	Es así, la que a mí me dio la I
Don Álvaro	Pues con todo, no querré; que a las cosas de mi amigo, burlando tengo respeto.
Hipólita	Dios te me guarde.
Don Álvaro	En efeto, que Elvira se llama, digo.
Elvira	(De mi nombre se acordó, *Aparte.* ya el hacello agradecí.)
Eugenia	(Para no nombrarme a mí *Aparte.* excusa no le faltó.)
Hipólita	¡Elvira! El nombre me admira.

¿Es forastera? Decid.

Galíndez   La una hija del Cid
se llamaba doña Elvira.

Valerián   Sabe mucho de su historia.

Pierres   Tostems lege.

Galíndez   Calla, cuero.

Elvira   Debió de ser su escudero,
y tendréle en la memoria.

Galíndez   ¿Tan viejo soy, mancebito?

Pierres   Todas te llaman potrilla.

Eugenia   Parecéislo a maravilla.

Galíndez   A las obras me remito.

Ríense todos.

Hipólita   Jesús, ahora bien está.
¿Qué cenasteis?

Don Álvaro   No hallo nada...
por principios Ensalada,
y después... cansado me ha.

Valerián   Casi, casi te amohína.

Don Álvaro   Di después, bien imagino,

sí, bien digo, un Estornino
y di por postres Endrinas.

Hipólita   ¿Su hermosura, ya la temo,
            cómo le dijiste que era?

Don Álvaro Del Sol la igualé a la Esfera.

Hipólita   ¿Y quisístela?

Don Álvaro En Extremo.

Hipólita   Siempre tus cosas lo han sido.

Don Álvaro Con solo un yerro escapé,
            que no fue poco.

Elvira   Diré
            yo agora, si eres servido.

Don Álvaro Di.

Elvira   Salí de mi Deseo.

Don Álvaro ¿En vez de lugar le pones?

Elvira   Torres tiene y torreones,
            que las miro y no las veo.
            Y de allí llegué a mi Daño.

Valerián   Habla por alegoría.

Eugenia   Bien dice, por vida mía.

Elvira	Era el huésped Desengaño, la huéspeda Dilación, mala mujer.
Eugenia	No hay dudar.
Elvira	Dilata para matar las glorias a cuyas son. Era Desdicha mi dama que así lo quiso el galán.
Hipólita	Sepamos ¿qué cenarán?
Elvira	Cenaremos en la cama muchos Duelos con cuidado, luego Dolor con paciencia, y para postres Dolencia, que es el fin de un Desdichado.
Eugenia	¿No tiene gracia?
Hipólita	Extremada.
Eugenia	¿Y a esa dama peligrosa le dijiste...?
Elvira	Que era hermosa como mujer Desdichada.
Valerián	Gracioso rapaz, por Dios.
Elvira	Luego, por su vida y mía, la juré que la quería.

Valerián	¿Como a qué?
Elvira	Como a los Dos.
Don Álvaro	Es demonio.
Galíndez	Con decoro comienzo yo, si es que puedo.
Don Álvaro	Vaya.
Galíndez	Salí de Toledo, de Toledo llegué a Toro.
Valerián	Hay lindos vinos allí.
Galíndez	Para quien llega cansado, ¿no es bueno el vino?
Don Álvaro	Extremado.
Galíndez	¿Digo bien?
Hipólita	Muy bien, decí, al huésped nombrar os toca.
Galíndez	¿El huésped quieren que nombre? Terencio.
Eugenia	¡Qué proprio nombre para puesto en vuestra boca! ¿Y la huéspeda?
Galíndez	Teresa.

Elvira	Bien sería setentona.
Galíndez	Era mi dama Trotona.
Hipólita	Galíndez, ¿qué dama es ésa?
Galíndez	Haránme desesperar, viendo propriedad tan clara; si esta dama no trotara, no me pudiera alcanzar.
Don Álvaro	Muy bien dice.
Galíndez	Y claro es, y aun claro decillo quiero, que las que trotan primero se galopean después.
Don Álvaro	Bueno está.
Galíndez	A la dama mía le di Turmas.
Valerián	Buen manjar; y se las debisteis dar solas.
Galíndez	Con más compañía que alguno, aunque me perdones.
Don Álvaro	¡Galíndez!
Hipólita	Di, ¿qué más diste?

Galíndez	Di Torreznos.
Valerián	Bien hiciste. ¿Qué fueron postres?
Galíndez	Turrones.
Elvira	¿Y pudiste tú cenar dellos?
Galíndez	¿Qué dices? ¿Por qué?
Elvira	Pues sin dientes ¿no se ve que no se pueden mascar?
Eugenia	Y más si son de Alicante.
Galíndez	En todo el rapaz se mete.
Elvira	¿Por qué no, viejo?
Galíndez	Daréte.
Valerián	Déjale, y pasa adelante. ¿Qué le dijiste a tu dama?
Galíndez	Que era hermosa... ¡qué tormento!, ¿qué diré, si el pensamiento en mil partes se derrama? Diréle que...
Elvira	No es muy malo el remedio, aprovechóte;

	date en la frente y cogote.
	Yo te daré con un palo.
Galíndez	¿Cómo tengo de acertar?
	¿Este pícaro no ves?
Don Álvaro	Déjale agora, y despúes
	te lo mandaré azotar.
Galíndez	Era hermosa, como quien...
	no topo con tal vocablo;
	como... llévete el diablo...
	¡como un Turco!
Valerián	¡Bueno!
Don Álvaro	¡Bien!
Eugenia	¿Cómo la quieres?
Galíndez	La adoro
	como... ¿qué es esto?, ¿ha de haber
	otro tanto en qué entender?
	Como ¡un Toro!
Hipólita	¿Como un toro?
	¡Qué disparate!
Galíndez	No dudo
	que ha sido dicho de fama.
Eugenia	¿Cómo así?
Galíndez	Si es que no hay dama

58

que al galán no haga cornudo,
   y en toro me convertí
el día que fui su amigo.
Con lo que he dicho, le digo
que la quiero más que a mí.

Don Álvaro	Bravo argumento.
Valerián	Y probado. ¡Ah, Pierres! ¿Duermes, gabacho?
Pierres	Dol-me el cap.
Valerián	Estás borracho.
Pierres	No del vin que tú me has dado.
Valerián	¿Qué letra tomastes?
Pierres	Erres.
Valerián	¿Y aprendiste el juego?
Pierres	Sí.
Valerián	Pues comiénzale.
Pierres	Salí no sé de aonde, a fe de Pierres, salí, pues, de Rosillón.
Don Álvaro	¿Dónde llegaste?
Pierres	A Ruzafa.

Galíndez	¡Qué bien habla la garrafa!
Pierres	Molt mellor que'l viex meón.
Elvira	No haya más.
Eugenia	Al huésped ¿cómo le llamaban?
Pierres	¿Com? Roldán.
Elvira	¿Es francés?
Pierres	Fáltale el san.
Valerián	Es nombre de fama.
Pierres	¡E cómo!
Hipólita	Y la huéspeda ¿qué dices, llamábase...?
Pierres	No sé cóma, ¡cap de Dius!, llamalda Roma.
Elvira	¿Era chata de narices?
Eugenia	¡Ay, Dios!
Valerián	Borracho de fama.
Galíndez	Prenda se le ha de tomar.

Don Álvaro	éste juega para errar.
Eugenia	¿Cómo se dirá la dama, Pierres?
Pierres	Oh, bien que me agrada; tengo vergoña; mas héla:
Hipólita	¿Cómo se llama?
Pierres	Rafela
Hipólita	¡El nombre de mi criada!
Don Álvaro	¿Que hasta éste tuvo primor para el escoger la letra?
Eugenia	Todo, el amor lo penetra.
Valerián	Todo lo enseña el amor. ¿Y qué cenastes? Di.
Pierres	Ruda.
Don Álvaro	Buen manjar.
Hipólita	A risa obliga. ¿Y después?
Pierres	No sé qué diga.
Galíndez	Por Nuestro Señor, que suda.
Valerián	Jamás ata ni desata;

	veldo cuál está afligido.
Galíndez	Dale siquiera un ronquido.
Pierres	No, par Diu.
Elvira	Pues ¿qué?
Pierres	Una Rata.
Valerián	¿Un ratón? ¡Borracho estás! ¿Y por postres?
Pierres	No sé quién. Dau-le Rábanos.
Galíndez	Muy bien.
Elvira	Lo que tú comes le das.
Eugenia	Ahora di cuánto es hermosa tu dama.
Galíndez	Y al dios Machín invoca.
Pierres	Como un Rocín.
Hipólita	Bien, cierto.
Eugenia	Graciosa cosa.
Valerián	Ahora di otro desatino; ¿Quiéresla, cómo? Atendeldo.

Pierres	Como un Regoldo.
Don Álvaro	¿Un Regüeldo?
Elvira	De rábanos y de vino.
Valerián	Cierto que probaste bien.
Hipólita	Mucho gusto nos ha dado.
Eugenia	Pues el juego es acabado, las penitencias se den.
Hipólita	¿Y quién las dará?
Eugenia	Yo digo que vos las deis.
Hipólita	Yo, que no.
Valerián	Quien el yerro conoció, ése sentencie el castigo.
Don Álvaro	Bien dice.
Eugenia	Pues yo, que erré la primera, pagar quiero la penitencia primero.
Valerián	Pues luego te la daré: a don Álvaro dirás requiebros y amores luego, pues le escogiste en el juego

	por galán.
Eugenia	Gracioso estás.
Valerián	Eso mando.
Eugenia	Es bien me enseñe Hipólita, porque aprenda.
Hipólita	Pues yo, en virtud desta prenda, le mando que te desdeñe.
Galíndez	Ha dicho a mil maravillas.
Don Álvaro	Es discreta, yo lo aceto.
Eugenia	¿Habré de hacello, en efeto?
Valerián	De rodillas.
Eugenia	¿De rodillas? Señor galán desdeñoso, no se me ponga tan grave; es, si quiere que le alabe, como el mismo cielo hermoso.
Don Álvaro	¿Qué decís?
Valerián	Bien se autoriza.
Don Álvaro	Palabra no he de escuchar.
Hipólita	Muy bien sabe desdeñan

Eugenia	Con esto mi fuego atiza;
	deje ya de ser cruel,
	porque el ser me restituya;
	mire, mi bien, que soy suya,
	y que me muero por él;
	cese ya tanto desdén.
Don Álvaro	Y yo soy, porque así es justo,
	muy amigo de mi gusto,
	y de mi amigo también.
Eugenia	¿Está contento el juez de lo
	hecho?
Valerián	Cosa es clara;
	y aun, a ser otro, pensara
	que esto ha pasado otra vez;
	porque tanta propriedad
	parece que ensayo tuvo.
Hipólita	Extremadamente anduvo
	doña Eugenia.
Don Álvaro	Así es verdad.
Hipólita	Y aun burlando, no creyera
	que a ser leal te acomodas.
Don Álvaro	A ser de mi amigo todas,
	con ninguna te ofendiera.
Eugenia	(De lograr mis esperanzas
	ya la ocasión se me ofrece.)
	Vengaréme, pues parece

que hoy es día de venganzas.
    A Hipólita amores di,
y toma tu prenda, ten.

Don Álvaro   ¿De mí te vengas también?

Hipólita   Pues yo volveré por ti.

Valerián   Ya sé que te pago mal.

Don Álvaro   No importa, que todo es juego.

Valerián   (En mi pecho todo es fuego,   Aparte.
                  como mi pena inmortal.)
                      Digo, señora, que os quiero,
                  poco he dicho, que os adoro,
                  que por vuestra causa lloro,
                  que por vuestra causa muero;
                      el desdeñarme no es justo,
                  pues nadie te lo ha mandado.

Hipólita   ¿Quién tiene en un pecho honrado
                  más fuerza que el proprio gusto?
                      ¿No sé bien volver por ti,
                  don Álvaro?

Don Álvaro   Bien.

Valerián   Mi gloria,
                  pues soy tuyo, en tu memoria
                  vuelve otro poco por mí;
                      eres tigre y serafín
                  en crueldades y en belleza.

Hipólita	Y ofrece honor mi nobleza
	al corcho de mi chapín.
	Para que venga a tener,
	esto, el gusto merecido,
	transfórmate en mi marido,
	convertirme he en tu mujer,
	pues tú me tienes amor
	y ella se le tiene a él.

Hipólita

Y ofrece honor mi nobleza
al corcho de mi chapín.
    Para que venga a tener,
esto, el gusto merecido,
transfórmate en mi marido,
convertirme he en tu mujer,
    pues tú me tienes amor
y ella se le tiene a él.

Galíndez

(¡Bien dices, por san Miguel!)   Aparte.

Valerián

Es discreta.

Hipólita

Eres traidor.

Valerián

    ¿Está ya mi penitencia
cumplida?

Eugenia

Ha sido extremada.
También parece ensayada.

Valerián

Mas con harta diferencia.
    ¿Esta llaneza no miras
crecer nuestras amistades?

Elvira

(Mucho me huele a verdades   Aparte.
lo que parece mentiras.)

Eugenia

    ¿No hay más prendas?

Hipólita

Creo que no;
que los demás que han errado,
castíguelos su pecado.

Eugenia	Hipólita, que no erró, no habrá menester jueces.
Hipólita	Tengo yo, en lo que imagino, el corazón adevino, y así yerro pocas veces.
Don Álvaro	Como siempre te recelas, adevina tu cuidado. Casi la noche ha cerrado.
Hipólita	Buen descuido.
Don Álvaro	Traigan velas.
Eugenia	Mejor es irnos agora,

Levántanse.

	y descansa del camino.
Don Álvaro	¿Tan flaco soy?
Eugenia	Imagino que a ti te sirvo, señora.
Hipólita	Malicia es ésa.
Eugenia	Ninguna.
Hipólita	¿En efeto queréis iros?
Eugenia	Para volver a serviros, y aun a seros importuna.

Hipólita	A hacerme merced tan cierta como la gozo, y la espero.
Valerián	Pierres, baja y di al cochero que llegue el coche a la puerta.
Don Álvaro	¿Hablarémonos mañana?
Valerián	A la hora que tú quieras.
Don Álvaro	Mas ya es de noche de veras.
Valerián	(¡Ay, imagen soberana!)
Don Álvaro	Traigan hachas.
Eugenia	(¡Oh amor ciego!)
Elvira	Hachas, hachas.
Galíndez	Hachas tengan.

Éntrase Elvira, y sale Galíndez con hachas y dáselas.

Valerián	Y los que quisieren vengan a encendellas a este fuego.
Eugenia	Quedaos aquí.
Hipólita	Bueno fuera.
Eugenia	Ya ésa es mucha cortesía.

Hipólita   Tengo de ir, por vida mía,
                        hasta la misma escalera.

Éntranse todos.

Jornada segunda

Sale Valerián, con una ropa de levantar, lavándose las manos, un paje dándole agua, y otro le da una toalla.

Valerián   ¡Qué mala noche he tenido!
Traedme aguamanos luego.
Loco me tiene este fuego,
con lágrimas encendido.
    No quisiera despertarme,
y no he podido dormir.
Es imposible vivir
desta suerte y no matarme.
    Este papel tengo escrito,
desta noche imaginado,
donde pinto mi cuidado
y mis glorias solicito.
    En versos doy a entender
las penas que estoy pasando;
que un enamorado ¿cuándo
poeta dejó de ser?
    Porque es de melancolía,
y de amor, proprios efetos,
y es oficio de discretos
el amor y la poesía.
Bien que entiendo, apruebo y toco
que locos les llama el mundo,
pero ¿qué ingenio profundo
no tiene punta de loco?
¿Con quién podría enviallos?
Que los versos tienen esto:
que si no se logran presto,
da poco gusto el lograllos.

Sácanle aguamanos, y mientras se lava sale Elvira.

Elvira   Mil veces mis veras dejo,
                          destas burlas obligada:
                          alma tiene enamorada
                          Galíndez, gracioso viejo;
                             siempre riendo me estoy
                          de que me dio este billete
                          para su dama, ialcahuete
                          de viejo tan loco soy!
                             ¡Oh amor! Tus leyes tiranas,
                          tu fuego, cuando porfía,
                          ni con la nieve se enfría,
                          ni tiene respeto a canas.

Valerián   ¿Qué es, Antonio? (¿Si podré
                          fiarme de éste, que tiene
                          buen ingenio?)

Elvira   Que ya viene
                          mi señora avisaré.

Valerián   ¿A mi mujer?

Elvira   Señor, sí.

Valerián   Espera un poco... estoy ciego...
                          Que viene Hipólita, luego
                          a doña Eugenia le di.

Éntranse los pajes que le servían.

Elvira   (¿Qué me querrá?)

Valerián	(Bien podría éste... mas temo algún daño.)
Elvira	(Si diese algún desengaño éste a la sospecha mía...)
Valerián	Pues, Antonio, ¿cómo os va en esta tierra?
Elvira	Muy bien. Con tanta merced, ¿a quién en extremo no le irá?
Valerián	¿Y es la vuestra?
Elvira	Zaragoza.
Valerián	De ahí os viene el ser discreto. Es paraíso, en efeto, del que la habita y la goza.
Elvira	Hombres hay de discreción, aunque parte no me dan.
Valerián	Harto discretos serán los que como vos lo son.
Elvira	Merced me quieres hacer.
Valerián	Digo verdad.
Elvira	(¡Cosa brava! Quien me detiene y me alaba, Aparte. de mí se quiere valer.)

                      Puédesme, señor, mandar.

Valerián   Dios te guarde, hacello quiero.

Elvira   (Si le doy deslizadero
                    será fácil resbalar.)
                        Ten de mí seguridad,
                    que lograré mi deseo
                    si te sirvo.

Valerián   En eso veo
                    que pagas mi voluntad.

Elvira   Mándame, el temor desecha,
                    que ya te leo en la cara...

Valerián   ¡Ay, Antonio!

Elvira   (Yo jurara
                    que era cierta mi sospecha.)
                        No dudes que no habrá cosa
                    que yo no emprenda por ti.

Valerián   Tu señora, Antonio, di,
                    ¿no es gallarda?, ¿no es hermosa?

Elvira   De sus honrados despojos
                    a honrarse la tierra viene,
                    y muchas disculpas tiene
                    quien pone en ella los ojos.

Valerián   Con eso, Antonio...

Elvira   Señor.

Valerián	Haz, escucha, di, si quieres.
Elvira	(¡Ay, amor, qué niño eres!,
	¡qué furioso, qué hablador!)
	No te turbes.
Valerián	Estoy loco,
	vuelve, Antonio, por mi seso...
	Pues mis culpas te confieso,
	cuanto tengo será poco
	para que atices mis penas.
	¿Qué dices, Antonio?
Elvira	Digo
	que soy tu esclavo.
Valerián	Y amigo
	de mis esperanzas, buenas
	si las logras.
Elvira	¿Qué he de hacer
	para eso?
Valerián	A tu señora
	da este papel... Calla agora,
	porque sale mi mujer.

Sale doña Eugenia.

Eugenia	¿Secreto y sin mí?
Valerián	Escuchad...

Eugenia	A nuevo gusto os convida.
Valerián	... señora, por vuestra vida, que le decía...
Eugenia	Callad, que yo sabré dél agora el fin de vuestra esperanza.
Valerián	ésa es poca confianza de quien vuestro gusto adora.
Elvira	(Bueno es esto.)
Valerián	Oídme a mí.
Eugenia	Dejadme.
Valerián	¿Tantos enojos, mi vida, por vuestros ojos?
Eugenia	¿Queréis no enfadarme?
Valerián	Sí.
Eugenia	Pues id, que quiero saber deste paje lo que ha sido.
Valerián	Voyme, pues.
Elvira	(Este marido es proprio para mujer.)
Valerián	¡Antonio!...

Señálale que calle.

Elvira   (¡Graciosas señas!)

Valerián   Di la verdad.

Elvira   Niñería
                es todo.

Valerián   (La pena mía
                pudiera ablandar las peñas.)

Elvira   (¿Qué diré?)

Eugenia   ¡Qué atrevimiento!

Elvira   Señora, pierde el cuidado.

Eugenia   ¡Qué diferente has juzgado,
                Antonio, mi pensamiento!
                   No fueron celos, ¡ay, cielos!,
                del marido que entretengo,
                que de quien amor no tengo
                no es posible tener celos.
                   Y lo que aquí me ha sufrido
                es la causa de este efeto:
                que marido muy sujeto
                no se ha visto muy querido.
                   Quieren las mujeres hombres
                que no siempre se enternezcan,
                y que lo que son parezcan
                en las obras y en los nombres.
                   Y es muy cierto aborrecer
                el que a sujetarse viene,

la que imagina que tiene
por marido una mujer.
   Y así, yo de ti me fío,
de ti mi remedio espero:
por un marido me muero
que es opósito del mío.
   Es...

Elvira   Ya entiendo: mi señor.

Eugenia   ¡Ay, Antonio! Por él lloro,
sus libertades adoro,
su desenfado y valor,
   aquel seguir sin cansarse,
siendo perro en muchas bodas,
aquel quererlas a todas,
y a ninguna sujetarse,
   el remitir a su espada
su cólera y su razón,
dando al uno el bofetón
y al otro la cuchillada;
   tras esto, el ser tan honrado
como en mis cosas lo ha sido,
que nunca le vi rendido
cuando le obligué rogado.
   Esto me abrasa, por ser
de mi gusto. Y no te asombres,
¡ay, Antonio!, que estos hombres
vuelven loca una mujer.
   éstos son para queridos,
éstos son para adorados,
que dan fuego a los cuidados
y despiertan los sentidos.
   Y así, es laurel soberano,

venturosa, alegre palma,
poner la cara y el alma
en la palma de su mano,
   adorar su pensamiento,
dar crédito a sus razones,
y alentar mil ocasiones
para beber de su aliento.
   Y no mi Narciso bello,
aninfado y no feroz,
que lo espanto con la voz
y con el pie lo atropello
   cuando, en cualquiera ocasión,
teme el ver que me alborote,
como si fuesen su azote
los ñudos de mi cordón.
   Sabe el cielo que no puedo
querello, cuando me aviso
de que adora lo que piso
más que por amor, de miedo.

Elvira   (¡Qué graciosa libertad,
               aunque de celos me abrasa!)

Eugenia   Tu mano, Antonio, no escasa,
               ha de hacerme una amistad.

Elvira   ¿Qué me mandas?

Eugenia   Que le des
               un papel.

Elvira   A tu servicio
               me tienes. (¡Gallardo oficio!   Aparte.
               Ya con éste tengo tres.)

Eugenia	Y si esto a decirte vengo, y mi libertad te admira, para disculparme mira las disculpas que yo tengo. 　Las partes de tu señor son muchas...
Elvira	Yo he de servirte, mándame. (Estoy por decirte que esas partes sé mejor.) 　　　　　Aparte.
Eugenia	Y tú, Antonio, por los cielos, cuanto gustes de mí espera, y haz de suerte que me quiera.
Elvira	(¡Ay, que me abraso de celos!) 　Fía de mí. (A ser curiosa me obligan.) Para servirte, dime tú...
Eugenia	¿Qué he de decirte?
Elvira	Sería importante cosa 　saber yo en qué estado están tus amores.
Eugenia	En ninguno, que su desdén importuno mis ojos te le dirán.
Elvira	¿A desdenes te condena?
Eugenia	Y por ellos pierdo el seso.

Elvira	Harto has dicho (pues con eso hiciste menor mi pena).
	Don Álvaro, mi señor, viene agora. (El desengaño espero ver.)
Eugenia	¡Susto extraño! ¡Qué proprio efeto de amor!

Sale don Álvaro.

	¿Darásle el papel agora?
Elvira	Háblale tú, que es mejor.
Eugenia	¡Tanto miedo y tanto amor!
Don Álvaro	Tus manos beso, señora. Y ¿tú, Antonio
Eugenia	Es como un oro, y muy discreto, por cierto.
Don Álvaro	...qué haces aquí?
Elvira	He descubierto unas Indias, un tesoro, y tú no tienes razón de no enriquecerte en ellas.
Don Álvaro	Pues ¿yo puedo merecellas?
Elvira	Si las quieres, tuyas son.

Don Álvaro	¿Qué dices? ¿Y adónde están?
Eugenia	En mi voluntad.
Don Álvaro	¿Qué dices, señora?
Eugenia	Espera, no atices mi fuego.
Don Álvaro	A Valerián quiero hablar.
Eugenia	Y lo que digo has de escucharme primero. Testigo del mal que muero será Antonio.
Don Álvaro	Buen testigo.
Eugenia	Con él descansé mi pecho, cansado de tus desdenes.
Don Álvaro	¡Qué buen secretario tienes! (¡Si supieses lo que has hecho!) Aparte.
Elvira	Señor, oye sosegado estas razones suaves.
Don Álvaro	Calla, rapaz, ¿tú no sabes que tengo blasón de honrado?
Eugenia	Sé cortesano.

Don Álvaro	Villano
	seré, que en cosas de amor,
	está cerca de traidor
	un término cortesano.

| Eugenia | Estoy por matarme, estoy |
| | por matarte. |

| Don Álvaro | Loca estás. |

| Eugenia | ¿Que me dejas y te vas? |

| Don Álvaro | Que te dejo y que me voy. |

| Eugenia | ¿Que me desprecias? |

| Don Álvaro | No es cierto. |

Eugenia	Espera, ¿no me conoces?
	Recélate de mis voces,
	que dirán que tú me has muerto.

| Elvira | (¡Qué libertad de mujer!) | Aparte. |

Eugenia	Yo te he visto despreciarme,
	y soy mujer: por vengarme,
	hasta el alma he de perder.

| Don Álvaro | ¿Es posible lo que veo? | Aparte. |
| | Ya la temo. |

| Eugenia | Y más verás, |
| | que una pena puede más |

	cuando la aprieta un deseo.	
	¿Quieres quererme, enemigo?	
Don Álvaro	No puedo.	
Eugenia	Mátame, pues.	
Don Álvaro	Ni eso quiero. ¿Tú no ves	
	que soy de tu esposo amigo?	
	Y aunque mi amigo no fuera	
	te dejara de querer,	
	por verte que eres mujer	
	que me ruegas que te quiera.	
	Acaba ya de dejarme.	
Elvira	(¡Ay, afrenta de mujeres!)	Aparte.
Eugenia	Villano, pues que no quieres	
	ni quererme ni matarme,	
	aborrece mi porfía,	
	sigue tu gusto, y advierte	
	que ocasiones de tu muerte	
	compraré con sangre mía.	
	Que ya mudando de empleo,	
	quiero que dé mi esperanza	
	las fuerzas a la venganza,	
	que hasta aquí tuvo el deseo.	
	Matarte, villano, quiero,	
	guárdate de mi rigor,	
	que cual diestro esgrimidor	
	señalo el golpe primero.	
Elvira	Mi señora viene.	

Eugenia	¡Ay, Dios!

Salen por la una puerta Hipólita y Galíndez y por la otra Valerián, y encuéntranse al entrar con ellos, él con su mujer y ella con su marido.

Hipólita	¿Dónde vas?
Valerián	¡Señora mía!
Don Álvaro	A recebirte salía.
Elvira	¡Qué encuentro para los dos!
Valerián	¿Qué tienes?
Eugenia	Vente conmigo, lloro de rabia.
Valerián	No llores.
Eugenia	Fiad de amigos traidores.
Valerián	(Yo soy el traidor amigo.)

Éntranse los dos.

Hipólita	¿A tanto el enojo llega, que sin esperar se ha ido?
Don Álvaro	Tendrále con su marido.
Hipólita	Sorda estuve, y no estoy ciega, quiero decir que no oí, y que me advierten los ojos

la causa de sus enojos,
porque la contemplo en ti.

Don Álvaro   ¿De qué suerte?

Hipólita   ¿Es mala prueba,
después de haberla mirado,
el mirar que te ha dejado
de los colores que lleva?

Don Álvaro   Gracioso antojo, por Dios.

Hipólita   ¿Parécete que no ha bastado
para pensar qué ha pasado,
el enojo, entre los dos?

Don Álvaro   Por tu vida, que te engañas:
esa locura desecha.

Hipólita   No de balde esta sospecha
se ha imprimido en mis entrañas
y ha hecho su fundamento
sobre quimeras pasadas.

Don Álvaro   Tus sospechas, mal fundadas,
siempre estriban sobre el viento.

Hipólita   Tengo leal corazón.

Don Álvaro   Ya me cansas.

Hipólita   ¡Ay de mí!

Don Álvaro   ¿No sabes que nunca di

segunda satisfación?

Elvira	(Todos los celos me ha dado que le pide.)
Don Álvaro	¡Tantos celos!
Hipólita	¡Tanta pena!
Elvira	(Amargos duelos, querer a un hombre casado.)
Hipólita	Hasta el alma se me abrasa.
Don Álvaro	¿Dónde vas? ¿En qué porfías?
Hipólita	A llorar desdichas mías en un rincón de tu casa.
Don Álvaro	¿Que ya lloras?
Hipólita	No te asombres, pues que tú mismo lo quieres.
Don Álvaro	Así lloráis las mujeres como escupimos los hombres. ¿Dó vas?
Hipólita	Mi dolor profundo me lleva muerta.
Don Álvaro	¿Qué dices? ¿Es bueno que escandalices con tus locuras al mundo?

	Haz tu visita, entraté.
Hipólita	No quiero, que me congojas.
Don Álvaro	Por vida de...
Hipólita	¿Ya te enojas?
Don Álvaro	Entra luego.
Hipólita	Yo entraré.
Don Álvaro	Lo que yo digo ha de ser.
Hipólita	Y es muy justo.
Don Álvaro	Ten cordura.
Hipólita	Di si puedo.
Don Álvaro	¿Por ventura soy marido o soy mujer?
Galíndez	(Pegados tengo los labios de ordinario al paladar en estas bregas.)
Hipólita	¿Pasar se pueden tantos agravios?

Éntranse Hipólita y Galíndez, dejando solos a don Álvaro y a Elvira.

| Elvira | Don Álvaro, ¿qué es aquesto?
¿A qué Bireno imitaste? |

¿Con qué intento me engañaste?
¿En qué desdichas me has puesto?
　¿Son por ventura venganzas
de mis primeros desdenes?
¿Qué remedio les previenes
a mis pobres esperanzas?
　¿A qué, señor, me has traído?
La una te ha procurado,
y la otra me ha dejado
los celos que te ha pedido.
　No te llorara estos duelos
si no te quisiera bien.

Don Álvaro	Pídeme celos también:
	seré terrero de celos.

Elvira	Bien has dicho.

Don Álvaro	¡Elvira mía!

Elvira	Pues a tu mujer, ¡ay triste!,
	más tierno le respondiste
	cuando celos te pedía.

Don Álvaro	Por tu vida, que te engañas,
	esa locura desecha.
	Y ¡qué penetrante flecha
	arrojaste a mis entrañas!

Elvira	Volverme a mi tierra quiero,
	aunque allá llore tu ausencia.

Don Álvaro	Apúrame la paciencia,
	cuando tu consuelo espero,

¿En qué estriba tu acedía?
¿Qué te hice? ¡Cosa brava!
Si una mujer me rogaba,
y otra celos me pedía,
    y a la una despedí,
y a la otra no escuché,
¿qué me quieres?, ¿en qué erré?

Elvira   Ofendióme lo que vi.
                ¿En efeto eres casado?

Don Álvaro   Ahógame, ¿qué he de hacer?
              si no es matar mi mujer
              porque muera tu cuidado;
                  pues vesla por insufrible,
              a mi gusto abominable...
              en un tiempo me fue amable
              cuanto agora aborrecible,
                  pero tanto procuró,
              con celos, con fuerza y brío,
              cautivarme el albedrío
              que libre el cielo me dio
                  que, aborrecido, rompí
              sus conjuros y su encanto,
              y haré contigo otro tanto,
              si haces otro tanto en mí.
                  Elvira, si te desvelan
              mis gustos, y no te enfadan,
              pide los peces que nadan,
              pide las aves que vuelan,
                  señálame las más bellas,
              que atrevido te las mando,
              pues cuando vayan volando
              volaré por ir tras ellas,

los peces con una caña,
si faltan iré a pescar,
y será más que matar
al mayor señor de España,
    y pide, fuera del Rey,
al señor, al matasiete,
que yo haré que se sujete
a tu gusto y a tu ley,
    pide estrellas las más bellas,
que ésas serán tus despojos,
aunque quien tiene tus ojos
no habrá menester estrellas,
    si los tesoros de Midas
me pides, ya los prevengo,
porque aunque yo no los tengo,
bastará que me los pidas:
    porque tú los atesores,
seré otro Caco, hurtarélos...
Pero no me pidas celos,
ni me gimas, ni me llores.
    Si con este presupuesto
me quieres, tu esclavo soy.
Y con esto yo me voy
para que pienses en esto.
    Y al campo, de aquí, me iré,
de su anchura satisfecho,
porque se me ensanche el pecho
y porque el aire me dé,
    que me congoja esta casa,
para mí cárcel esquiva.

Elvira   Tu libertad me cautiva,
                        tu desenfado me abrasa:
                            no perderé tu amistad,

aunque en ella muerta quede.

Don Álvaro   Por ninguna cosa puede
                    venderse la libertad.

Vase.

Elvira   Mas he de vengar, si puedo,
                    la muerte de mi esperanza.
                    Para hacer una venganza
                    ha de valerme un enredo:
                        todos con él probarán
                    destos pesares que paso,
                    y del fuego en que me abraso
                    algunos se abrasarán.
                        éste es Pierres, él llegó,
                    para consolarme, tarde.

Sale Pierres.

                    ¡Oh buen Pierres!

Pierres   Diu vos guarde:
                    vostre amic, Antonio, só.

Elvira   Y yo vuestro.

Pierres   Vostransé
                    paz me haga un gran plaer.

Elvira   ¿Y qué es, Pierres?, ¿qué he de hacer?

Pierres   Escoltats, os ho diré:
                        Yo só un chic enamorat.

Elvira	¿Qué es un chic?
Pierres	Un poc.
Elvira	Un poco enamorado y muy loco.
Pierres	Si aqueste billet portat, Antonio, a mi domicela, volc amic.
Elvira	¿Quién es la dama?, ¿cómo se llama?
Pierres	Se llama Rafela.
Elvira	Muy bien, Rafaela. Yo lo haré, ¿qué me prometes?
Pierres	Alegremente del vin beberemos.
Elvira	Yo hice al fin mi cuatrinca de billetes. Ya salen las damas. Yo, buen Pierres, te serviré.
Pierres	E yo, Antonio, os seré bon amic e compañó.

Vase. Salen Valerián, y doña Eugenia, y Hipólita y Galíndez.

Valerián	Yo iré contigo, señora.
Hipólita	Eso no he yo de sufrirte.
Eugenia	Más me queda que decirte.
Hipólita	Sea en mi casa.
Eugenia	En buen hora.
Valerián	¿En efeto no queréis que os acompañe?
Hipólita	No quiero ni es justo.

Galíndez	Hidalgo escudero
	y muy honrado tenéis,
	    hombre de canas y antojos,
	y que su brazo os ofrece,
	y no alguno que parece
	que se os come con los ojos.
	    No me agrada su mirar.

Hipólita	Antonio, vente conmigo.
Elvira	Ya te sirvo, ya te sigo.
Eugenia	Antonio, chito al callar.
Elvira	(Razón es que te receles, pues necia quisiste ser. ¡Qué de cosas he de hacer con estos cuatro papeles!)

Vanse y quedan solos Valerián y doña Eugenia.

Valerián	De nuevo quiero saber lo que el alma me enfurece.
Eugenia	¿Tan dificil te parece de atinar y de entender?
Valerián	Hipólita lo estorbó.
Eugenia	Pues ya de nuevo te digo que tu amigo no es tu amigo, pues tu afrenta procuró.
Valerián	¿Don Álvaro?
Eugenia	¿Que es un santo?
Valerián	¿ése procura tu amor?
Eugenia	Y aun por fuerza, es iin traidor. ¡Qué!, ¿te admiras?
Valerián	Y me espanto.
Eugenia	¿Y eso agora me preguntas, cuando fuera cosa honrada de la daga y de la espada afilar cortes y puntas? ¿El dudallo te inquieta, cuando en vez de hallarme aquí, debiera de hablar por ti la boca de una escopeta?

Esto fuera de provecho,
y no... ¿Qué cruces son éstas?
échale una cruz a cuestas,
de las que haces en tu pecho.
    ¿Qué paciencia habrá que espere
lo que tu flema le amaga?
Aconséjame que haga
lo que don Álvaro quiere.
    Quédate mientras escarbas
tu encogido corazón.
¿Qué mujer tiene afición
a estas mujeres con barbas?

Vase.

Valerián   ¿Qué intento puede tener
don Álvaro en su esperanza?,
¿si es ofensa o si es venganza,
procurarme la mujer?,
    ¿si supo que le ofendía?
Mas por cualquiera ocasión
he de tener su traición
por disculpa de la mía.
    En parte quedo contento
de que no solo yo he sido
el traidor, aunque ofendido
me combate un pensamiento.
    En esto es bien que concluya:
mi casa quiero guardar
mientras procuro afrentar,
para vengarme, la suya.
    Quiero esforzar mi esperanza,
pues lo que era injusto es justo,
y antes fuera solo gusto,

y agora gusto y venganza.

Vase. Salen Hipólita, Galindez y Elvira.

Hipólita   Galíndez, no habéis andado
                  discreto.

Galíndez   No hay discreción
                  con cólera.

Hipólita   Un pescozón
                  muy sin causa le habéis dado.

Elvira   ¡A qué me ha traído el cielo!

Galíndez   ¿Tratarme de viejo es poca?
                  Y por la calle me coca
                  como mona, ¡estriparélo!

Hipólita   Pase por burla esta vez,
                  en mi presencia, esa culpa,
                  aunque para mí os disculpa
                  vuestra caduca vejez.

Galíndez   ¡Oh, reniego de Mahoma!

Hipólita   Pasito, Galíndez, quedo.

Elvira   Es un viejo, no hayas miedo
                  que vaya por ello a Roma:
                  aquí hará la penitencia
                  y tendrá la absolución.

Galíndez   Mequetrefe.

Elvira	Vejarrón, ¿no os remuerde la conciencia?
Galíndez	¡Por san Pedro!
Hipólita	¡Calla, Antonio! ¡Ah, Galíndez!

Galíndez	Buen despacho.
	A mí o a este mochacho
	ha de llevar el demonio.
	  ¿Es bueno que un matachín,
	sin vergüenza y sin temor,
	rapazuelo, bullidor,
	monta en banco o bailarín,
	  ha tomado por oficio
	burlarse de mi experiencia?
	Apúrame la paciencia
	y trabúcame el juicio.
	  El hombre que su decoro
	con veras quiere guardar,
	el paso no ha de mudar
	aunque le persiga un toro,
	  antes irse poco a poco,
	y meter mano a la espada
	si le apretase.

Hipólita	Extremada es la lición. éste es loco.
Galíndez	Voy con esto a descansar.
[Vase.]	

Elvira	Fiad que me lo paguéis,
	cuando el paso no mudéis,
	aunque le queráis mudar.
Hipólita	Antonio, escucha.
Elvira	¿Qué mandas?
Hipólita	Pues por testigo te hallo
	de mi llanto, que a escuchallo
	hiciera las piedras blandas.
	Ya estuviste a mis enojos
	presente.
Elvira	Sí estuve.
Hipólita	Espera.
Elvira	Y cuando no lo estuviera,
	me lo dijeran tus ojos.
Hipólita	Pues, Antonio, tú bien sabes
	que es verdad lo que sospecho:
	fíalo, pues, de mi pecho
	con mil candados y llaves.
	Mira la pena que paso,
	que tú alivialla podrás.
Elvira	(De nuevo te abrasarás
	en el fuego que me abraso.)
Hipólita	De tu ingenio te aprovecha,
	dime si es cierto mi daño,

que aunque es malo un desengaño,
es peor una sospecha.
    ¿Don Álvaro abrasasé
por doña Eugenia? Di sí,
que della no lo creí,
y de ti lo creeré.

Elvira

    ¿Ella te lo dijo?

Hipólita

Ella,
sin preguntárselo yo,
de aquella boca arrojó
en mi pecho una centella.
    Era yesca el corazón,
y encendió en el aire fuego.

Elvira

(¿Es posible que a ver llego
este extremo de traición?)

Hipólita

    Antonio, siéntome arder.

Elvira

(¿Qué más desengaño quieres?   *Aparte.*
Malas somos las mujeres,
y pues lo soy, lo he de ser.)

Hipólita

    Di, Antonio; extrañas fatigas
me aprietan un lazo al cuello,
que deseo no sabello
y quiero que me lo digas.

Elvira

    Deseo no lastimarte.
(¡Qué enredo que trazo, ay, cielo!)
Mas si ha de ser tu consuelo,
señora, el desengañarte,

en este papel podrás,
que para ella ha de ser.
Mas hásmele de volver.

Hipólita   Tú mismo le tomarás
    cuando a mí me deje muerta
su más mínima razón.
Pues son versos, suyos son,
y mi desventura cierta.

Elvira   (¿No es bueno dalle el papel
que para ella venía,   Aparte.
y decille que lo envía
a doña Eugenia?)

Hipólita   ¡Ay, cruel!

Elvira   (Su marido y su enemigo
desta suerte lo he de hacer:
que mi enemiga ha de ser
la que es la mujer de mi amigo.
    Perdonarámelo Dios,
pues a esto me aventuro
porque mi paz aseguro
con la guerra de los dos.)
    Dame el papel, que ya viene
don Álvaro, mi señor.

Hipólita   Ya me le ha visto, ¡ah, traidor!

Elvira   Señora, matarme tiene.

Hipólita   Guardaréte yo el secreto
que te ofrecí.

Elvira	Yo me voy.
	Muerta de congoja estoy.

Sale don Álvaro.

Don Álvaro	¿Qué tenéis? Extraño efeto.
	¿Por qué el papel escondéis?,
	¿por qué le habéis escondido?

Hipólita	Porque vergüenza he tenido
	por vos, que no la tenéis.

Don Álvaro	¿Qué decís? Extraño efeto.
	Algo señala, por Dios,
	tan diverso trato en vos
	y tan perdido respeto.
	Ese rabioso temblor,
	ese inquieto sosiego,
	esas lágrimas de fuego,
	ese mudado color,
	ya de blanco en amarillo,
	y ya de amarillo en rojo...
	Saber tengo vuestro enojo,
	si dilatáis el decillo:
	sacad luego ese papel,
	¡dalde acá!

Hipólita	Oíd.

Don Álvaro	Acabad.

Hipólita	Vuestras infamias mirad,
	y mis desdichas en él.

         Hasta aquí solo he llorado
vuestro libre proceder,
pero agora lloro el ver
que dejáis el ser honrado.
         A mujer de vuestro amigo
procuráis, y le escribís
estos versos.

Don Álvaro   ¿Qué decís?
                  ¿Quién lo dice?

Hipólita   Yo lo digo.
                     Yo digo que sois traidor.

Don Álvaro   Callad, loca.

Hipólita   Triste calma.

Don Álvaro   ¿Que habré de llegar al alma
                  de quien me llega al honor?
                     ¿Cupo en mí cosa afrentosa,
                  ni tan solo imaginada?
                  ¿Qué letra es ésta?

Hipólita   (¡Ay, cuitada!)

Don Álvaro   ¡Ay, sospecha rigurosa!
                  Leyendo
                     «Sin dormir toda la noche
                  estuve, señora mía,
                  y cuando Febo ponía
                  los caballos en su coche
                     quedé dormido, y soñaba
                  que tu deseo amoroso

de los brazos de tu esposo
a los míos te pasaba.
 Mas despertóme el cuidado
del amor, que es mi enemigo,
pues no me sufre contigo
este gusto, ni aun soñado.
 Luego, de envidia cruel
abrasarme el alma vi,
viendo sueño para mí
lo que es verdad para él.
 Goza del recién venido,
tan querido y deseado,
pues pierdo por desdichado
lo que gana por marido.»

Fin del papel.

 Casi me deja sin bríos
el dolor que me penetra.
¿Sabes si es mía la letra?
Los versos ¿parecen míos?
 ¿Yo tan malos versos hago,
y tan buena letra escribo?

Hipólita   ¡Ay, Dios, de milagro vivo!

Don Álvaro   De cólera me deshago.
 Si soy yo el recién venido,
como viene escrito aquí,
el papel es para ti.

Hipólita   El engaño mío ha sido.

Don Álvaro   Sí, es letra de un traidor

que entendí que era leal:
de Valerián.

Hipólita

¿Hay tal?
No tengo culpa, señor.

Don Álvaro

   ¿Es mío el papel, por dicha,
si es suyo cuanto hay en él?
¿Quién te ha dado este papel?
¿No respondes?

Hipólita

Mi desdicha.

Don Álvaro

   Habla, por vida del cielo,
de quien soy indigno yo.

Hipólita

Antoñuelo me le dio.

Don Álvaro

¿Y qué te dijo Antoñuelo?

Hipólita

   Que era tuyo, ¿hay tal maldad?
En esto es bien que repares,
y mátame si no hallares
que es esto pura verdad.

Don Álvaro

   Yo te creo, y cosa es clara
que en ti tu desculpa viene,
que la mujer que la tiene
se le ve escrita en la cara.
   Y a ti, sin podella ver,
mil créditos te daría,
pues basta ser mujer mía
para ser buena mujer.
   Cuanto más que agora veo

lo que mi proprio valor
me encubrió en aquel traidor,
capaz de tan mal deseo.
    Como el que a escuras pasó
peligro que no temía,
y a la luz que le da el día
mira lo que atrás dejó.
    Pero ¡qué mal considero!
No es discreción ni nobleza
el creer con ligereza
un papel que es tan ligero.
    Que hay en ellos mil engaños,
y en éste los puede haber;
mas tú, Álvaro, has de ser
el reparo destos daños.
    ¿Qué pretensión ha tenido
contigo Valerián?

Hipólita	(¿Qué diré? Perderse han.)	Aparte.
Don Álvaro	¿Hasla visto? ¿Hasla sabido?	
Hipólita	(¡Ay, Dios, que le obligo a mucho si se lo digo!, ¡ay, cuitada!)	Aparte.
Don Álvaro	¿Cómo te miro turbada? ¿No me entiendes?	
Hipólita	Ya te escucho.	
Don Álvaro	¿Sabes tú si te ha servido Valerián?	
Hipólita	(¿No es mejor	

negárselo?)

Don Álvaro	Di.
Hipólita	Señor
Don Álvaro	¿Fue traidor o fue atrevido? ¿Señalóte sus antojos con el alma o con la boca? Di.
Hipólita	Señor
Don Álvaro	Su pena loca, ¿vístela escrita en sus ojos? ¿Conociste su cuidado?
Hipólita	(Negallo será mejor) Aparte.
Don Álvaro	¿No respondes?
Hipólita	No, señor, que es tu amigo y es honrado.
Don Álvaro	Por no obligarme, anduviste. ¿Mas qué te pregunto? Baste, que en ese no que dudaste, muchos síes me dijiste. Retírate en tu aposento y disimula tu enojo.
Hipólita	(Mi muerte será el despojo de tan grave sentimiento, que su furia arrebatada

mil escándalos promete.)
Señor, oye.

Don Álvaro   Calla y vete,
que ya sé que eres honrada.

Hipólita   (Yo me voy, que a temer llego
sus coléricos ensayos.
Y es cierto que engendra rayos
su cólera, que es de fuego.
          Dios le guarde.)

Don Álvaro   Ha sido mucha
esta infamia, esta insolencia;
mas gobierne la prudencia,
porque la cólera es mucha.
     El colérico arrojado
es valiente solamente,
y el animoso prudente
es valiente y es honrado.
     ¡Qué insolente desvarío
de un amigo! Yo concluyo
en que al fin el pecho suyo
es antípoda del mío.
     Con que su mujer me llame
venganza tomar podría;
pero la venganza es mía,
y no es bien hacella infame.
     Para ver si es falso amigo,
es bien de todo apuralle
su delito, y después dalle
a su medida el castigo.
     Disimularé si puedo,
porque disimulo mal,

que hasta en esto soy leal.
¡Qué desvergüenza y qué enredo!
    ¿A qué viene esta traidora,
ya cerca de anochecido?

Salen doña Eugenia, Galíndez, Pierres y Elvira.

Eugenia   Es discreto.

Galíndez   Es atrevido.

Elvira   Soy tu esclavo.

Don Álvaro   Pues, señora,
    ¿qué es que dais luz a esta casa
cuando el cielo se la quita?

Elvira   Hemos de ir a una visita.

Don Álvaro   ¿Dónde? (El alma se me abrasa.)

Eugenia   Una comedia esta noche
veremos, si vos gustáis,
Hipólita y yo. No os vais,
irémonos en mi coche.

Don Álvaro   Muy bien, y el particular,
¿adónde tiene de ser?

Eugenia   En casa del Mercader.

Don Álvaro   ¿Qué mercader?

Eugenia   Don Gaspar.

> Solo él, por excelencia,
> ha merecido este nombre.

Don Álvaro   Es muy gallardo.

Pierres   E molt hombre.

Galíndez   Y tiene buena conciencia.

Elvira   En un mercader no es poco.

Eugenia   Da de balde su caudal.

Don Álvaro   Es muy rico y principal.

Eugenia   Cuerdo en todo, en guerras loco.

Elvira   Con eso le adorarán.

Don Álvaro   ¿Y cómo iréis?

Eugenia   Embozadas.

Don Álvaro   ¿Sabéis si admiten tapadas?

Eugenia   A eso fue Valerián.

Don Álvaro   Pues entre tanto veremos
si ir Hipólita querrá.

Eugenia   ¿Que está...?

Don Álvaro   Como suele, está.

Eugenia	Terribles son sus extremos.
Don Álvaro	(¡Ah, traidora! Desta suerte veré mi agravio.)
Eugenia	(Este necio me ha de pagar el desprecio no menos que con la muerte.)

Vanse don Álvaro y doña Eugenia.

Elvira	(A estos dos he de engañar, pues no nos oye ninguno. Bien pienso: el papel del uno, al otro tengo de dar.)
Galíndez	¿Yo comedia, yo comedia? Voyme a mi aposento bueno. ¡Bien con frío y con sereno mi jaqueca se remedia!...
Elvira	Aunque me fuiste cruel...
Galíndez	Muchacho, ¿quieres que te coma?
Elvira	Calla, disimula, y toma respuesta de aquel papel.
Galíndez	¡Oh, qué venturoso amante! ¿Cuándo aquesto merecí? De hoy más será para mí este muchacho gigante. He de besarte los pies, y estoy, por Dios soberano,

| | para cortarme la mano
con que te di de revés. |

| Elvira | Sus locuras son extrañas. |

| Pierres | Ah viex orat. |

| Galíndez | ¡Ay, Cupido!
Letargo de mi sentido
y aloque de mis entrañas. |

| Elvira | Pues ¿Pierres? |

| Pierres | Pues ¿compañó? |

| Elvira | Ya te traigo la respuesta
de tu papel. Suerte es ésta
que te la procuro yo. |

| Pierres | ¡Oh mon señor Antoniuc,
resposta me habets portat!
Ya está Pierres pus orat
que Galíndez, viex caduc.
    «Si yo men vau a Francia,   [Canta.]
a la sopa de Jesús,
no tornaré may pus.» |

| Elvira | Solenizas tu ganancia
    cantando, y otros sus males
espantan, y aun a las gentes...
mas de causas diferentes
nacen efetos no iguales. |

| Pierres | Yo te vull besar los pies, |

| | al manco la man qui'm toca, |
| | e los pits, encar la boca. |

Elvira   Cortesía a lo francés.
                           Bueno está.

Pierres   Antoñelo mío.

Elvira   En pago desto has de hacer
                     una cosa.

Pierres   O paz per ver
                     la mía forza y lo meu brío.

Elvira   (Quiero hacer una venganza
                     deste viejo. Así me vengo.)
                     ¿Tienes amigos?

Pierres   Sí tengo.
                     Oh, y ben del millor de Franza.

Elvira   Pues habráslos menester.

Pierres   ¿E per qué?

Elvira   Para ayudarte.
                     Tu amo viene: a esta parte
                     escucha lo que has de hacer.

Sale Valerián.

Valerián   ¡Qué de trazas imagino
                     para lograr mi esperanza!
                     Al gusto y a la venganza

	alcanzo por un camino.	
	Disimular es mejor,	
	que ya en el mundo es forzoso	
	el medrar por mentiroso	
	y el vivir como traidor.	
Elvira	Vete, pues, que luego voy.	
Pierres	Pardiu que u faré bailando.	
Vase.		
Elvira	Señor.	
Valerián	¡Antonio, luchando	
	con mil quimeras estoy!	
Elvira	Todas las has de vencer.	
	(A todos quiero engañar:	Aparte.
	a éste le quiero dar	
	el papel de su mujer)	
Valerián	¿Qué dices, Antonio? ¿Hiciste	
	lo que te rogué?	
Elvira	Pues ¿no?	
Valerián	¿Respuesta? Dichoso yo.	
Elvira	Calla, toma, y no estés triste.	
	Y voyme, porque contigo	
	no me vean.	
Valerián	¡Soy dichoso!	

Vase Elvira.

> ¡Cielo alegre, cielo hermoso,
> cielo santo, cielo amigo!
>   Leerélo; mas ya salen...
> ¡oh si tardaran un poco!
> Quedaré, de alegre, loco,
> si los cielos no me valen.

Salen don Álvaro, Hipólita y doña Eugenia.

Eugenia   Ya tarda Valerián.
                 Don ¡INARO Ya está allí.

Valerián   ¿Habréme tardado?
                 EUGENLA Según habéis negociado,
                 ¿van embozadas?

Valerián   Sí van.

Don Álvaro   Vamos, pues, que es ya muy tarde
                 y está escuro, que es peor.

Eugenia   (¡Ay, enemigo!)

Hipólita   (¡Ay, traidor!)

Eugenia   Alegraos, si Dios os guarde.

Don Álvaro   ¡Hachas!

Valerián   La que yo traía
                 bastará.

115

Hipólita	(Yo voy muriendo.)
Don Álvaro	Mi mujer os encomiendo.
Valerián	Mientras miráis por la mía.
Don Álvaro	(Así encubro mi furor.)
Valerián	(Así entablo mi esperanza; daréle afrenta en venganza.)
Don Álvaro	(Mataréle si es traidor.)
Eugenia	(¡Que su sangre no derrame!)
Hipólita	(Cuerdamente lo ha llevado, ¡qué marido tan honrado!)
Eugenia	(¡Qué marido tan infame!)

Sale Elvira, Pierres y dos gabachos más y sacan una escalera.

Elvira	Bien está. Llama a esa puerta, y a la ventana saldrá.
Pierres	E la porta uberta está.
Elvira	Poco importa que esté abierta. Galíndez desde dentro.
Galíndez	¿Quién llama?, ¿quién es?, ¿quién hay que tan grandes golpes dé? Verélo.

Elvira	Tira.
Gabacho 1°	Sí haré.
Elvira	Clava el clavo.
Galíndez	¡Ay, ay, ay, ay! Que me ahogan, soberanas vírgenes, a quien invoco.
Elvira	Teñilde, pues es tan loco, ese rostro y esas canas. Guardará bien su decoro la vez que el toro le siga. Mude el paso, Jesús diga.
Galíndez	¡Que me ahogan!
Pierres	¡Guarda el toro!
TODOS	Hucho, ho, ho.
Elvira	Si se inflama por sus fingidos amores, reciba aquestos favores, que los envía su dama.
Pierres	Viex orat.
Gabacho 2°	Meón.
Gabacho 1°	Potrilla.
Galíndez	¡Jesús!
Elvira	Así le dejemos,

que bajan, ¡huid!

Gabacho 1° Huiremos.

Pierres	Bien se ha fet.
Elvira	A maravilla.
Galíndez	Los demonios me arrebatan.
Elvira	La industria me valga aquí.
	¡Señores, salid, salí!

Vanse los gabachos. ¡Aquí, que a Galíndez matan! Salen con las espadas desnudas don Álvaro y Valerián, y sus mujeres.

Hipólita	Don Álvaro, ¿dónde vais?
Don Álvaro	Dejadme.
Eugenia	(No fue el primero
	este marica.)
Galíndez	Yo muero.
Don Álvaro	Galíndez, ¿qué voces dais?
Valerián	Venga esta hacha.
Galíndez	Hanme dejado,
	cual veis, ahogado y muerto.
Don Álvaro	Hanvos dejado, por cierto,
	mal contento y bien pintado.

118

Eugenia	¡Jesús! A risa provoca.
Valerián	¡Galíndez!
Hipólita	Yo la tuviera, pero vengo de manera que traigo el alma en la boca.
Galíndez	Desatadme.
Don Álvaro	¿Quién ha sido de aquesta burla el autor?
Elvira	Algún bellaco.
Galíndez	¡Ah, traidor!
Don Álvaro	A lo menos atrevido.
Valerián	Tratarse ha deso después, que mal en la calle estamos.
Don Álvaro	De la comedia a que vamos, éste ha sido el entremés.

Éntranse todos, con que se da fin al segundo acto de la Comedia de Los mal casados de Valencia.

Jornada tercera

Salen don Álvaro y Elvira.

Don Álvaro
En llegándome al honor,
todo, Elvira, lo atropello;
no hay para mí rostro bello,
obligaciones ni amor,
   que en mi pecho solo asiste
cuidado que nace dél.
¿Quién te ha dado este papel,
que tú a Hipólita le diste?
   La verdad he de saber,
o matarte, vive Dios.

Elvira
Don Álvaro, ¿entre los dos
este medio has menester?
   ¿Amenázasme?

Don Álvaro
Y te adoro.

Elvira
Eso me hubiera obligado.

Don Álvaro
Vengo loco y soy honrado.
No llores.

Elvira
Con causa lloro.

Don Álvaro
   Sosiégate que, después,
dejarte sin queja espero,
como me digas primero
este papel cúyo es.

Elvira
   Valerián me le dio,

y porque yo se le diese
a tu mujer interese
y lisonjas me ofreció.
   Muérese por ella.

Don Álvaro   ¡Ay, cielos!

Elvira   Yo, creyendo que sería
a los celos que tenía
menos daño añadir celos,
   como tuyo se le di,
diciendo que le llevaba
para doña Eugenia.

Don Álvaro   ¡Brava
invención!

Elvira   Muero por ti.
   Soy tu amiga y no lo soy
de tu mujer, cosa es clara,
y dile en que se abrasara,
como abrasando me estoy.
   Tal me tiene el amor ciego,
que demonio vengo a ser,
pues gusto de ver arder
otras almas en mi fuego.
   Si me disculpa mi amor,
perdóname, pues te digo
que ese amigo es falso amigo,
es infame y es traidor.

Don Álvaro   Perdono, porque perdones
mi cólera, tus engaños.
Amistad de tantos años,

cargada de obligaciones,
 ¿puede haber humano amor
que la aligere o la tuerza?
O el honor no tiene fuerza,
o no hay en el mundo honor.
 Mas no, que a tenelle vengo
y con más fuerza que falta;
pero quizá a todos falta,
porque yo todo le tengo.
 Esta soberbia me dio
de experiencia el tiempo ingrato,
pues entre muchos que trato
no hallo un hombre como yo.
 ¡Que no haya un amigo honrado,
ni puede ser conocido,
sin velle recién nacido,
hasta dejalle enterrado!
 Uno acude a su provecho,
otro a su gusto no más:
santa amistad, ¿dónde estás?,
¿quién te tiene?, ¿qué te has hecho?
 Mas al cielo te levanta
por no merecerte el suelo,
y porque estás en el cielo
me atrevo a llamarte santa.
 ¡Valerián, falso amigo!
Mataréle, si no muero.

Elvira	Oye, señor.
Don Álvaro	Este acero dará fuerza a su castigo.
Elvira	Bien merecido le tiene,

pero colérico estás,
y erraráslo si le das
el que tu rigor previene.
   Sé cuerdo, si eres valiente.
¿Cómo no adviertes y piensas
que las secretas ofensas
se vengan secretamente?

Don Álvaro   (Aunque ésta es mujer, está
en lo cierto, y así dejo
mi furor: que un buen consejo
no pierde por quien le da.)

Elvira   Sosiégate, y porque veas
que te adoro, haré de suerte
que, en tu venganza y su muerte,
tú solo testigo seas.
   Esta noche le pondré
donde tú verás, si quieres,
que no todas las mujeres
son cobardes. Esto haré,
   si haces de mí confianza.
¿Qué dices?

Don Álvaro   Digo que sí.

Elvira   Pues, que haces ausencia di,
si quieres hacer venganza.
   Di que te vas a tu aldea
esta noche, y lo demás
quede a mi cargo, y verás
lo que tu enojo desea.

Sale Galíndez a la puerta.

Don Álvaro	Es inmenso tu valor, infinita tu hermosura, extremo de mi ventura y reparo de mi honor. Eres causa de mis bienes, eres mis ojos al fin.
Elvira	Entremos al camarín donde tu escritorio tienes.
Don Álvaro	Entremos.
Galíndez	¡Válame Dios!
Don Álvaro	Por ti a mi enojo resisto.
Galíndez	¿Es soñado lo que he visto, o son visiones los dos?
Elvira	Entre mis dichosos lazos te diré lo que he trazado.
Don Álvaro	Descansará mi cuidado lo que estuviere en tus brazos.

Sale del todo fuera Galíndez.

Galíndez	¿Esto es España o Sodoma? ¡Oh sagrada Inquisición! Mi amo y Antonio son licenciados de Mahoma. Por este agujero quiero de la llave verlo bien

imas taparánle también,
por solo que es agujero!
　　¡Bien, a fe, por Dios, que luchan!,
¿si es engaño o son antojos?
Ya se hablan con los ojos,
ya con las bocas se escuchan.
　　Con razón llaman nefando
a este pecado de fuego.

Sale Hipólita.

Hipólita　　　　　¡Qué mal seguro sosiego!
　　　　　　　　Galíndez, ¿qué estáis mirando?

Galíndez　　　　　　¡Ay, señora! Grande mal.
　　　　　　　　Es nuestro amo...

Hipólita　　　　　¿Qué?

Galíndez　　　　　Señora:
　　　　　　　　es mal hombre.

Hipólita　　　　　¿Cómo?

Galíndez　　　　　Agora
　　　　　　　　está...

Hipólita　　　　　¿Dónde? ¿hay cosa igual?

Galíndez　　　　　　Es al fin...

Hipólita　　　　　¿Qué?

Galíndez　　　　　Mal cristiano.

126

Hipólita	¿Por qué? ¡Ay, triste!
Galíndez	Porque imita...
Hipólita	¿A quién? ¿Qué hay?
Galíndez	Es sodomita.
Hipólita	¿Qué dices, loco villano?
Galíndez	Que es mi amo un buja...
Hipólita	¡Calla!
Galíndez	Pues que me cierras la boca, los ojos abre.
Hipólita	Estoy loca de pesar. ¡Oh vil canalla! ¡Oh enemigos no excusados! ¡Oh criados! ¡Oh traidor!
Galíndez	Antoñuelo y mi señor verás, por aquí, abrazados como la parra y el olmo, y verás si le levanto testimonio.
Hipólita	¡Ay, cielo santo, qué pesares tan a colmo!
Galíndez	Llega y mira.

Hipólita	Ya lo he visto.
	¡Ay, Galíndez, yo soy muerta!
Galíndez	Da mil coces a esa puerta,
	alborota.
Hipólita	¡Jesucristo!
	Mas cordura es menester,
	tenla tú, por vida mía.
Galíndez	Servirte en todo querría.
Hipólita	¡Ay, infelice mujer!
	Ve, Galíndez, por mi hermano,
	y dile que venga luego.
Galíndez	Voy volando.
Vase.	
Hipólita	¡Ay, hombre ciego!
	Dejóte Dios de su mano.
	él sabe que te adoré,
	que estuve loca por ti,
	mas, si celos no sufrí,
	¿cómo infamias sufriré?
	¿Qué he de hacer? Yo soy perdida.
	¡Qué extremo grande, qué exceso!
	¡Ay, mi Dios, guardadme el seso,
	aunque me quitéis la vida!
	Don Álvaro infame, ¡cielos!
	Gran desdicha al fin es mía.
	Yo que pasaba y sufría
	tantas penas, tantos celos,

128

            y el inquieto cuidado
            de su libre proceder,
            adorándole, por ver
            que era noble y era honrado,
               ¿qué sentiré cuando veo
            que ni es noble, ni es humano,
            ni es honrado, ni es cristiano,
            pues logra tan mal deseo?
               La ofensa de Dios me pesa,
            con razón, más que la mía.

Sale Elvira.

Elvira   (Sobrada suerte sería
                  salir con tan grande empresa.
                     Allí está.)

Hipólita   La causa infame
                  veo del dolor que paso;
                  ya disimulo y me abraso.

Elvira   (Esperaré que me llame.)

Hipólita   Mucho me aprieta la ira,
                  y la refreno.

Elvira   (¿Qué es esto?
                  De mil colores se ha puesto,
                  con sobrecejo me mira.
                     ¿Sabrá ya que la engañé
                  con el papel? Puede ser.
                  ¿Si advierte que soy mujer?)

Hipólita   (Llamaréle.)

Elvira	(Llegaré.)
Hipólita	(Por disimular sería bueno llamalle, ¡ah, traidor! ¿Qué haré?)
Elvira	(Llegar es mejor, que es mucha flema la mía.) ¿Señora?
Hipólita	¿Antonio?
Elvira	¿Qué tienes que ofreces indicios tales?
Hipólita	Mucha posesión de males, poca esperanza de bienes.
Elvira	Algún ángel habla en ti, que tus desdichas te advierte.
Hipólita	¿Qué dices?
Elvira	Tu mala suerte me lastima.
Hipólita	¿Cómo ansí? ¿Vienes con otro papel a engañarme?
Elvira	Fui engañado yo también. De más pesado, más terrible y más cruel

suceso te has de guardar.

Hipólita Yo, sin el cielo, no puedo:
él me valga.

Elvira (¡Bravo enredo
pienso urdir!) Has de mirar
si es que alguno nos escucha.

Hipólita De confusa, daré en loca.

Elvira Por ser tu ventura poca,
mi lástima ha sido mucha:
del alma te la he tenido,
y un aviso quiero darte:
sabe que quiere matarte
tu marido.

Hipólita ¿Mi marido?

Elvira No tiembles.

Hipólita ¡Ay, Dios!

Elvira Y acude
al remedio, que es mejor.

Hipólita (¿Si me miente este traidor?
Que esto tema y que esto dude
me aconseja el alma mía.)
¿Por qué me mata, si sabes?...

Elvira No serán las causas graves.

Hipólita	Porque soy suya, ¿podría matarme?

Elvira	Por su mujer
	quizá que te viene el daño;
	y si piensas que te engaño,
	en esto lo puedes ver:
	   él fingirá que se parte
	esta noche, y ha de ser
	con intento de volver,
	sobre seguro, a matarte.
	   Tú, si vieres que se va,
	y verte con vida quieres,
	en tu cama no lo esperes,
	que en ella te matará.
	   En otro cuarto estarás
	lo que durare su ausencia,
	y darásle a la experiencia
	lo que quizá no me das,
	     que es crédito.

Hipólita	¡Ay, Dios! ¿Qué siento?
	¡Qué indeterminada estoy!
	Tanto crédito te doy
	como me das sentimiento.
	   (El cielo le habrá movido
	con mi compasión el pecho
	porque sea en mi provecho
	lo que en mi daño habrá sido.
	   Verdad es esto, ¡ay de mí!
	De don Álvaro, por fe,
	cualquier cosa creeré,
	en razón de la que vi.
	   Del todo Dios le ha dejado

132

de su mano poderosa.)

Elvira

Sosiega el alma medrosa
y el corazón alterado.

Hipólita

No es posible que eso sea.

Elvira

Tu marido viene.

Hipólita

¿Quién?

Elvira

Y yo me aparto, que es bien
que divididos nos vea.

Hipólita

No sin causa te recelas.
(Valedme, cielo divino.)

Sale don Álvaro.

Don Álvaro

Aperciban de camino
vestido, botas y espuelas.

Hipólita

¿Dónde vais, señor?

Don Álvaro

Me importa
hacer hoy una jornada
no muy larga.

Hipólita

(¡Ay, desdichada!
Que la de mi vida es corta.
Esto viene conformando
con...)

Don Álvaro

¡Qué! ¿Lloráis? ¿Qué decís?

Hipólita	¿Pues de cuándo acá os partís, que yo no quede llorando?
Don Álvaro	Llorando me das pesar: que de ordinario, al partir, son ligeras de salir y pesadas de llevar tus lágrimas.
Hipólita	Que te enfadas de vellas, decir podrías, y que son lágrimas mías, y por eso son pesadas.
Don Álvaro	Dan pesar al corazón por ser tuyas.
Elvira	(No son malos amores.)
Hipólita	(Estos regalos engaños sin duda son.) *Aparte.*
Don Álvaro	Ahora bien, dadme un abrazo, y quedad, señora, adiós.
Elvira	(¡Quién pudiera de los dos *Aparte.* cortar el estrecho lazo!)
Hipólita	(¡Que estos brazos, ah cruel, vi ofenderme, como infames!) *Aparte.*
Don Álvaro	Con Dios queda, y no derrames

134

más lágrimas.

Hipólita   Ve con él.

Vase don Álvaro.

          Saltos me da el corazón,
de mi recelo ofendido;
que su regalo fingido
me descubre su traición.
          Quien no suele regalar
y regala, ofender quiere
o ha ofendido. ¿Qué hay que espere
en tan confuso pesar?

Elvira   (Bien va todo.) En este indicio
podrás ver mi buen deseo.

Hipólita   Con esta pena me veo
sin remedio y sin juicio.

Elvira   Toma mi consejo y guarte.

Hipólita   Guárdeme Dios.

Salen, Leonardo, hermano de Hipólita, y Galíndez.

Leonardo   ¿Pues, hermana?

Hipólita   ¡Ay, hermano!

Elvira   (¿Saldrá vana
mi esperanza?)

Hipólita	Escucha aparte.
Leonardo	Ten sosiego.
Galíndez	¡Buena pieza!
Elvira	Galíndez, ¿no me agradeces el papel?

Galíndez	Antes mereces
	que te rompan la cabeza.
	  (Mas yo te haré chamuscar, *Aparte.*
	para vengarme después.)
	¿Soy yo gabacho o francés,
	para escribirme y burlar
	  en ese lenguaje?

Elvira	Digo que estoy por reírme yo: ¿no adviertes que lo escribió Pierres, que es tu grande amigo, y escogióle por tercero tu dama?
Galíndez	Agora me engañas.
Elvira	El papel y mis entrañas, Galíndez, leer te quiero. Dámele.
Galíndez	Ya le rompí, por velle desbaratado, de rabioso y de enojado.

Elvira	¿Que al fin le rompiste?
Galíndez	Sí. Su lenguaje me enfadó y su nota.
Elvira	Aquel gabacho, que quizá estaba borracho, lo que supo te escribió. Pero de tu dama era la intención.
Galíndez	Burlando estás.
Elvira	Pues si me burlo verás.
Galíndez	¿En qué lo he de ver?
Elvira	Espera. Si esta noche en tu aposento pongo a tu dama contigo, ¿creerás que lo que digo es fundarme sobre el viento?
Galíndez	Creeré que son maravillas de soberanos misterios, y pondré en él sahumerios de pebetes y pastillas. ¿Qué dices, Antonio?
Elvira	Calla, que esta noche la traeré. Y vámonos, te diré qué has de hacer para esperalla.

Galíndez

De quien tal bien me promete
amistad quiero tener;
y aunque puto quiera ser,
le serviré de alcahuete.

Leonardo y su hermana Hipólita han estado hablando aparte hasta aquí.

Leonardo

¡Jesús mil veces! Quisiera
que callaras ese daño.
¿Si es engaño?

Hipólita

No es engaño,
¡pluguiera a Dios que lo fuera!

Leonardo

¿Tú lo viste?

Hipólita

Con los ojos
que ven, llorando, los tuyos,
le vi mirarse en los suyos
a costa de mis enojos.
    Vi que enlazaban sus cuellos
y regalaban sus labios,
y viera muchos agravios
si me detuviera a vellos.

Leonardo

¡Válame Dios! ¡Caso fuerte!

Hipólita

Y agora veo, afligida,
por indicios de su vida,
los agüeros de mi muerte.
    Sin duda me matará,
que el que es con tanta extrañeza
contrario a naturaleza,

de quien quiera lo será.
   Y así me lo aseguró
el cómplice en su maldad,
y en prueba desta verdad,
bastantes señales dio.
   Hermano, en tus manos
dejo mi vida, mi honor y ser.

Leonardo   Estas cosas se han de hacer
con acuerdo y con consejo.

Hipólita   Huiré, en resolución,
de mi infamia y su locura.

Leonardo   Oye ¿tienes, por ventura,
el breve y dispensación,
   donde aprueba el Padre Santo
tu infelice casamiento?

Hipólita   Yo la tengo.

Leonardo   Un pensamiento
me ha venido de tu llanto,
   y es que sé por experiencia
que algunas erradas vienen,
porque más o menos tienen
en el grado o la atendencia,
   y a tener alientos vengo
que hay algo desto en la tuya.
Dámela, y porque concluya,
de reconocella tengo;
   y pondréla ante el juez,
si es que falta le han hallado;
y saldremos desde enfado

o desdicha de una vez.

Hipólita   Bien dices. Que deso traten.
                Pero ponme en cobro a mí,
                sácame de aquí, que aquí
                temo, hermano, que me maten.

Leonardo   Sacarte yo estará mal
                a nuestras prendas y honor;
                pero harálo el Provisor,
                que allí llaman oficial,
                    y es el que las veces tiene,
                para casos semejantes,
                del Arzobispo.

Hipólita   ¿Y si antes
                con la noche, que ya viene,
                    me matan, y llega tarde
                ese remedio?... ¡Ay, cuitada!

Leonardo   Escucha.

Hipólita   De desdichada
                me ha venido el ser cobarde.

Leonardo   A otro cuarto te retira,
                poniendo en él otra cama;
                sola una criada llama,
                y allí por tu vida mira;
                    digo que cierres la puerta
                de suerte que tu marido,
                si te busca, sin ruido
                no pueda dejalla abierta.
                    Yo haré que en la calle estén

amigos míos, de suerte
que en son de excusar tu muerte,
a más de alguno la den.
    Cuanto y más que yo vendré
antes con el oficial.

Hipólita   Temerosa de mi mal,
                    lo que me ordenas haré.

Leonardo   ¿Así quedamos?

Hipólita   Así.

Leonardo   Pues ven, y pierde el temor.

Hipólita   El Soberano Señor
                    quiera dolerse de mí.
                        Supremo Señor, yo elijo,
                    en este infelice día,
                    por intercesora mía
                    la Madre de vuestro Hijo.
                    Con exclamación.

Leonardo   Ten ánimo, pues ha hecho
                    tu razón fuertes mis brazos.

Hipólita   ¡Ay, don Álvaro! A pedazos
                    te voy sacando del pecho.

Vanse. Salen Elvira y doña Eugenia.

Elvira   También hubiera venido
                    sin habérmelo mandado.

Eugenia	¿Cómo, Antonio?
Elvira	Mi cuidado en mil cosas te ha servido.
Eugenia	¿Y ha sido de algún provecho?
Elvira	¿Quieres siempre a mi señor?
Eugenia	Más por tema que de amor, nunca le arranco del pecho. Si no puedo velle muerto, gustaré de velle mío.
Elvira	Pues si no te falta el brío ser tuyo será cierto.
Eugenia	¿Cómo?
Elvira	Fiarte de mí es lo primero.
Eugenia	Quisiera fiarte mi alma.
Elvira	Espera y escúchame, escucha.
Eugenia	Di.
Elvira	Vente esta noche conmigo donde yo te llevaré, y contigo le pondré sin saber que está contigo.

142

Que le goces y te goce,
sin saber que te ha gozado,
tengo señora, trazado.
Imagina y reconoce
lo que te advierte tu pecho.

Eugenia   Ya eso está reconocido;
mas teniendo yo marido,
que es imposible sospecho
faltalle.

Elvira   Mi habilidad
para ese estorbo prevengo;
de casa sacalle tengo,
y aun quizá de la ciudad.

Eugenia   Si eso haces, desde aquí,
por seguir mi gusto, sigo
tu consejo.

Elvira   Pues yo digo
que quede ese cargo a mí.
Vete, que pienso que sale
tu marido.

Eugenia   Así se quede.

Vase.

Elvira   No habrá cosa que no enrede,
si la fortuna me vale.

Sale Valerián solo.

| Valerián | En suceso tan extraño |
| | todo es pena y confusiones. |

| Elvira | Ya el tiempo, con ocasiones, |
| | pienso que esfuerza mi engaño. |

| Valerián | ¡Oh Antonio! Por vida mía |
| | que iba a tu casa a buscarte. |

| Elvira | Y yo, señor, por hablarte |
| | y por servirte venía. |

Valerián	Desde que el papel me diste,
	Antonio, mi pensamiento,
	que era fuego, con viento
	lo apagaste y lo encendiste.
	Bien verás lo que causaste,
	si en mis confusas razones
	te muestro las confusiones
	que en el alma me dejaste.
	Pero más claro te digo
	que me digas quién te dio
	este billete.

Elvira	¿Pues yo
	tan poco, señor, te obligo,
	que creas que te mentí?
	Antes dije, y digo agora,
	que me le dio mi señora.

| Valerián | ¿Qué dices? |

| Elvira | Mil veces sí. |

Valerián	¿Es posible?
Elvira	Puedes creer lo que yo te facilito.
Valerián	Sábete que viene escrito con letra de mi mujer. El ver esto, en un abismo de quimeras me metió.
Elvira	Quizá que ella la escribió por tercera de ti mismo. ¿No puede habella engañado, como amiga de quien fia, diciéndole que escribía a un caballero casado?
Valerián	Sería una cosa extraña.
Elvira	¿Tú no sabes que, en efeto, engana como discreto quien con la verdad engaña?
Valerián	¡Sabe escribir!
Elvira	¿Pues no es llano que, de honesta y recogida, no se sabe que en su vida tomase pluma en la mano?
Valerián	No advirtió la confusión en que me ha puesto.
Elvira	Yo digo

que por burlarse contigo
en la primera ocasión,
   con esta traza ha querido
engañar a tu mujer.

Valerián   Eso pudiera creer,
a ser su favorecido.

Elvira   Quizá que descubre ansí
alguna brasa que asconde.

Valerián   Demás desto, no responde
a lo que yo le escribí.
   Escucha; dice: «Aunque trates   Leyendo.
con burlas todas mis veras,
procuraré que me quieras,
o a lo menos que me mates».
   ¿Yo con burlas, ¡ay de mí!,
a sus veras he tratado?

Elvira   ¿Si piensa que te has burlado
hasta agora?

Valerián   Que no.

Elvira   Sí.
   Mil mujeres están viendo
que un hombre se está abrasando,
y dicen que está burlando
por respuesta.

Valerián   No lo entiendo.

Leyendo.

«Buscaré luego ocasión
en que te abrase mi fuego.»

Elvira   Mira claro, aunque estés ciego,
cuánto dice esa razón.

Leyendo.

Valerián   «Y yo te hablaré mañana,
si la ocasión me falta hoy,
o la vida.»

Elvira   O loco estoy,
o esa razón es bien llana.
   Y más para mí, que vengo
a decir cuán cierto es eso
esta noche.

Valerián   ¿Y tengo seso,
viendo la dicha que tengo?
   ¿Cómo, Antonio, he merecido
esta gloria desde ayer?

Elvira   Pueden mucho en la mujer
los desdenes del marido.
   Quizá de desesperada,
tu esperanza ha de lograrte.
Pero discursos aparte:
él hizo cierta jornada;
   di tú también que te vas,
y adviérteme dónde iré
a buscarte, y te pondré
donde dichoso serás.

Valerián	¿Que don Álvaro se ha ido de Valencia?
Elvira	No hay dudar, y tú podrás ocupar el lugar que él no ha querido. Dile luego a tu mujer que te partes.
Valerián	A eso voy. Sin considerar estoy la gloria que he de tener, pues me podría matar el gusto de imaginalla; y es bien no consideralla para podella gozar.
Elvira	¿Adónde a buscarte voy, para lograr tu deseo?
Valerián	A la plaza de la Seo.
Elvira	Bueno vas.
Valerián	¡Dichoso soy!

Vase Valerián.

| Elvira | Ello va bien marañado.
Otro litigante viene;
buen pleito conmigo tiene,
que engaño como letrado. |

Sale Pierres, lacayo.

Pierres   ¡Oh fill de puta guitón,
                 que mi ha trait en la carta!

Elvira   ¿Qué es esto, Pierres?

Pierres   ¡Aparta!

Elvira   Bravos ademanes son.
                    ¿Qué tienes?

Pierres   Hazme enganeche.

Elvira   ¿Yo? ¿Con qué?

Pierres   Con lo paper.
                 He yo mi son de perder,
                 o te ha de manchar lo feche.
                    ¿Quién te piensi que yo es,
                 aunque servexc de lacayo?

Tienta la espada Pierres.

Elvira   Pienso que eres, ¡bravo ensayo!,
                 un caballero francés.
                    Mas ¿por qué te has enojado
                 con quien tu amigo ha de ser?

Pierres   Pardiu que tens de leger
                 este paper que me has dado.

Elvira   Dame aquí. Dice: «Señora,

149

Leyendo.

tu hermosura me obligó...»

Pierres   E bien, ¿so señora yo?

Elvira   (Ya caigo en la cuenta agora.)
                        Oye, Pierres, con sosiego,
                        y lo que es te contaré.

Leyendo.

«...a que en mis canas te dé,
que son nieve, tanto fuego.
    Pero no tengas en poco
que te ofrezca vida y mano
un hidalgo castellano.»

Pierres   ¿Castillano?

Elvira   (¡Viejo loco!)
                        «Mi alma en tus manos dejo,
                        yo, que deseo servirte,
                        y verte más que escribirte.»
                        (¡Qué bien nota y qué a lo viejo!)
                            Ahora escucha la ocasión
                        del enojo que has tenido.
                        Sabe que, desvanecido,
                        este viejo fanfarrón,
                            para dalle a Madalena,
                        que hace poco caso dél,
                        me dio también un papel,
                        y yo, Dios y en hora buena,
                            como éste y aquél traía,

150

pude trocallos ansí,
y a ella el tuyo le di,
y a ti éste: culpa es mía.
    Pero pídote perdón,
y daréte, si te allanas...

Pierres   De riure me donas ganas.

Elvira   Oye la satisfacción:
                   Rafela te está esperando
                para esta noche, y si vas,
                sin duda la gozarás.

Pierres   Saltant andaré y bailando.

Elvira   Pues una saya prestada,
                con un manto, es menester,
                y vestido cual mujer,
                de mí solo acompañada,
                   entrarás con mucho tiento
                donde el viejo castellano
                te llevare de la mano,
                que él nos presta su aposento;
                   y allí bajará Rafela,
                pues yo mismo la traeré,
                y por servirte estaré,
                mientras os holguéis, en vela.
                     ¿Atréveste tú?

Pierres   ¿Es gallina
                Pierres? Andaré contigo.

Elvira   ¿Es Antonio buen amigo?
                ¿Pasóte ya la mohína?

Pierres	Las manos te vull besar:
	eres, Antoni, hom honrado.
Elvira	Tente.
Pierres	Los peus te ha besado,
	¡ay!, Pierres.
Elvira	Saltar, bailar,
	eso sí. Porque se apreste
	el vestido, vete afuera.
Pierres	Es francesa la tendera,
	e faré que mi lo empreste.
Elvira	Tráele, pues, y luego voy
	a llevarte.
Pierres	Vax corriendo.
Vase.	
Elvira	Yo misma me estoy riendo
	de lo que trazando estoy.
Sale doña Eugenia.	
Eugenia	Todo está cierto y seguro.
	Oye, Antonio, ya se ha ido.
	¿Cómo obligalle has podido?
Elvira	Tiene fuerza mi conjuro.

152

Eugenia	Sin duda que algún encanto ha obrado en tu boca agora.	
Elvira	Vamos, que es tarde, señora.	
Eugenia	Pues ven, cubriréme un manto.	
Elvira	(Esta noche he de juntaros a tu marido y a ti; porque don Álvaro así pueda vengarse y mataros.)	Aparte.

Vanse las dos y sale Galíndez.

Galíndez	Esta esperanza del bien ¡cómo las horas alarga! Y de mis años la carga ¡cómo me cansa también! 　¿Si me engaña este rapaz, que tarda tanto? ¡Ay, Cupido, agora de mi sentido fiera guerra y dulce paz! 　Un poco me aflige el sueño: en pie le quiero sufrir, que si me siento, en dormir seré lo mismo que un leño. 　Gente viene. él es, agora mi esperanza se logró.

Sale doña Eugenia con manto, y tráela Elvira de la mano.

	¿Es mi Madalena?
Elvira	No.

Entretenme esta señora,
    que Madalena vendrá
en bajando.

Vase.

Eugenia   No os dé pena,
             que ya viene Madalena.

Galíndez   A vuestro lado será
                gracia todo cuanto pase,
             y si queréis heredar
             de Madalena el lugar,
             sin permitir que me abrase
                mientras viene, podéis vos
             darme gusto.

Eugenia   Bien, a fe.
             ¿Y si viniere?

Galíndez   Seré
             muy hombre para las dos.

Eugenia   Tenéis buenas intenciones.

Galíndez   Mejores obras veréis.

Eugenia   Y decidme, ¿dais o hacéis
             a las mujeres doblones?

Galíndez   De vuestra malicia
             estoy al cabo, aunque más os sobre:
             como poderoso y pobre,
             ni los hago ni los doy.

                    Yo sé mi negocio bien,
                    pues que soy, señora, os juro,
                    para no doblarme duro,
                    y para no dar también.

Eugenia   Respondió extremadamente:
                    al fin sois viejo y matrero.

Galíndez   Y para vuestro me quiero.

Sale Elvira sola.

Elvira   Señora, conmigo vente.
                       De la suerte viene a estar
                    la casa, que suerte fue,
                    al fin, como imaginé,
                    y como pude pintar.
                       El cuarto solo ha dejado
                    donde de ordinario está,
                    y retirado se ha
                    a otro cuarto, y se ha llevado
                       a sus mujeres consigo.
                    Dichosa ocasión te llama.
                    Ven, y pondráste en su cama.
                    Sígueme, ven.

Eugenia   Ya te sigo.

Elvira   Luego vengo.

Galíndez   Aquí te espero.

Vanse las dos.

¿Qué querrá el rapaz hacer?
También debe de querer
mujer, como yo la quiero.
 Pardiez, huélguese en buena hora;
tenga, como yo, alegría;
solo pesar me podría
que se detuviese agora.
 Si Madalena viniese,
y la empreñase de un hijo,
voto al Sol, gran regocijo
de tal suceso tuviese.

Sale Elvira sola.

Elvira   (Ya desnudando la dejo;
¡Qué burlada se ha de hallar!
Al gabacho he de llamar
para burlarme del viejo.)
 ¿Galíndez? Al punto vengo.

Galíndez   No tardes.

Elvira   Un viento soy.

Vase Elvira y sale don Álvaro solo.

Don Álvaro   En esto resuelto estoy,
por el cuidado que tengo;
 que fiar de una mujer
negocio de tanto peso,
parece falta de seso,
y hasta aquí lo pudo ser.
 Meterme quiero en mi casa,
y de mi mujer al lado,

qué sé yo, en cuanto he faltado,
si es que Elvira me la abrasa.
 A Hipólita con extraño
afeto he de regalalla;
que el mucho desesperalla
podría ser en mi daño.
 Esto es, sin duda, mejor,
sin otra cosa esperar;
que ocasión no ha de faltar
para matar un traidor.

Galíndez   (Hacia acá viene, por Dios.)
Acércase.

Don Álvaro   ¿Quién vive?

Galíndez   (¿Es éste mi amo?)

Don Álvaro   ¡Ah Galíndez! Cuando os llamo,
respondedme ¿Y qué hacéis vos
   aquí, con la puerta abierta?

Galíndez   El fresco estaba tomando.

Don Álvaro   Gracioso estáis; en entrando
cerraréis bien esa puerta.

Galíndez   Norabuena, ¿queréis lumbre?

Don Álvaro   Despertaránse con vella,
y a desnudarme sin ella
me ha enseñado la costumbre.

Vase.

Galíndez	Pues no tengo de cerrar
	la puerta, aunque venga el día;
	que desta esperanza mía
	el fin tengo de esperar,
	ipor el rico vellocino!

Salen Elvira y Pierres, vestido como mujer, con un manto.

¿Que son ellos?

| Elvira | Tú, entretanto, |
| | calla la boca. |

| Galíndez | iQue un manto |
| | encubra mi Sol divino! |

Elvira	Calla y disimula tú
	mientras voy, y quedará
	engañada.

| Pierres | Tant farà |
| | que se emporte Belcebú. |

| Elvira | ¿Estás contento? |

| Galíndez | Estoy loco |
| | de alegría. |

| Elvira | Bueno vas. |

| Galíndez | ¿Que es posible... |

| Pierres | iO pardi pas! |

158

Galíndez	...que tu hermosa mano toco?
Elvira	Ganas me da de reír.

Éntranse de la mano y sale Valerián.

Valerián	Pierde el seso quien espera.
Elvira	Y en esto me detuviera, pero tengo que acudir.
Valerián	Antonio...
Elvira	Al punto has llegado que yo te iba a buscar; pero pudieras errar por esto que has acertado. Cólera ha sido.
Valerián	¿Pues no, si ha mil años que te espero?
Elvira	Pienso que fuiste el primero que con cólera acertó. Vente conmigo.

Vanse, y sale Leonardo, hermano de Hipólita, acompañado de algunos.

Leonardo	Si es él, ya se entró. Venid, lleguemos, y pues queda abierta, entremos sin ruido y sin tropel.

Salen todos los nuncios o alguaciles del Arzobispo con sus varas, y éntranse juntos, y sale don Álvaro en cuerpo de camisa, acuchillando a Valerián y él retirándose, y vuelven a salir todos los que entraron y despártenlos.

Don Álvaro   ¿Huyes, villano?

Valerián   ¿Qué es esto?
                                 Perdido soy, ¡ay de mí!

Don Álvaro   Pues he de matarte a ti
                                 y al que en mi casa te ha puesto.

Acaban de salir los nuncios y alguaciles y Leonardo y todos los demás, y tiénenlos.

Alguacil   Teneos al Rey.

Don Álvaro   ¿No miráis...?

Leonardo   ¡Teneos, hermano!

Don Álvaro   ¿No veis
                                 que en el honor me ofendéis
                                 si a mi ofensor amparáis?

Alguacil   Bastará tenelle asido.

Don Álvaro   Déjame que el seso pierdo.

Alguacil   Tened sosiego, sed cuerdo,
                                 y decí en qué os ha ofendido.

Don Álvaro   Por ti quiero hacello agora,
                               mas perdóname después.

Vino a mi casa el que ves,
con una intención traidora.
    Estaba en la cama yo
con mi mujer.

Leonardo   ¿Con mi hermana?

Don Álvaro   Y el traidor...

Leonardo   ¡Suerte inhumana!

Don Álvaro   En mi aposento se entró.

Alguacil   Entrad vos, señor Leonardo,
y a vuestra hermana sacad.

Vase.

Don Álvaro   Que se apure esta verdad,
para dalle muerte, aguardo.

Salen Leonardo y doña Eugenia, pensando que era Hipólita.

Leonardo   Salid presto.

Eugenia   He de perder
la vida.

Don Álvaro   ¡Cielo! ¿Qué veo?
¿Es posible? Aún no lo creo.

Valerián   ¡Ay, cuitado, es mi mujer!

Sale Pierres, como mujer, con su manto, luchando con Galíndez.

Pierres	Pardiu que aus tinc de matar, al billaco bujiarrón.
Alguacil	¿Qué es esto? ¡Figuras son que son muy para mirar! ¡Teneldos! Parece sueño lo que se ha ofrecido aquí.

Sale Hipólita sola.

Hipólita	¡Hermano!
Leonardo	Hermana, salí, que ya tenéis otro dueño.
Don Álvaro	¡Qué súbita confusión!
Valerián	¡Qué descomedida afrenta!
Alguacil	No sé qué diga o qué sienta de tan no vista ocasión.
Elvira	Confieso que pude hacer este enredo.
Alguacil	¿Cómo fue?
Elvira	Primero, señor, diré a todos que soy mujer.
Hipólita	¡Jesús mío!
Leonardo	¡Caso extraño!

Elvira	Fue travesura y no mengua.
Alguacil	¡Buena cara!
Galíndez	Y buena lengua para trazar un engaño.
Valerián	Oye, señor. De corrido apenas hablar acierto: por mi orden quedó muerto de mi mujer el marido. Esto con ella traté. Y como viuda quedó, caséme con ella yo, y ella lo diga,
Eugenia	Así fue.
Valerián	De la justicia esto escondo, y de ti vengo a saber si pudo ser mi mujer.
Alguacil	Que no puede te respondo, y hay precisa obligación de apartarte y de dejalla.
Valerián	Pues con eso, señor, halla mi honra satisfacción.
Eugenia	Yo tengo mi merecido.
Don Álvaro	A mí el cielo me ha vengado por un camino extremado.

Leonardo	Di, Señor, ¿a qué has venido?
Alguacil	Señor don Álvaro, en Roma la dispensación erraron los que allí la procuraron, y de aquí ocasión se toma para que Hipólita sea, no vuestra, sino de quien ella guste.
Don Álvaro	Está muy bien, si ella quiere. ¿Habrá quien crea que yo, pues honrado soy, para mía he de querer contra su gusto mujer? (¡Qué contento! ¡Libre estoy!) Aparte.
Hipólita	Más quiero estar sin marido que tenello y tener celos.
Elvira	A ti, señor, y a los cielos, de quien honor me ha debido, pedir justicia pudiera, siendo agora su mujer.
Alguacil	Pues di, ¿qué quieres hacer?

Elvira	No quiera Dios que tal quiera.
	  La vida de los casados
	he visto en aquestos dos;
	y así, no permita Dios
	que a ella extienda mis cuidados.
	  Volverme quiero a mi tierra,

164

donde un monasterio habrá
que en dulce paz me tendrá
y no en tan amarga guerra.

Alguacil   Pues todos quedáis contentos,
no tengo más que esperar.

Vanse los nuncios y alguaciles.

Eugenia   Libertad les quiero dar
de hoy más a mis pensamientos.

Valerián   Ancho es el mundo, y podré
con anchura andar por él.

Galíndez   Penitencia haré cruel.

Pierres   A Franza me'n andaré.

Hipólita   Daré al cielo mis cuidados
por soberano misterio.

Don Álvaro   Con fin de mi cautiverio
acaba Los mal casados.

Éntranse todos, con que se da fin a la comedia de Los mal casados de Valencia.

Laus Deo.

Libros a la carta

A la carta es un servicio especializado para
empresas,
librerías,
bibliotecas,
editoriales
y centros de enseñanza;
y permite confeccionar libros que, por su formato y concepción, sirven a los propósitos más específicos de estas instituciones.

Las empresas nos encargan ediciones personalizadas para marketing editorial o para regalos institucionales. Y los interesados solicitan, a título personal, ediciones antiguas, o no disponibles en el mercado; y las acompañan con notas y comentarios críticos.

Las ediciones tienen como apoyo un libro de estilo con todo tipo de referencias sobre los criterios de tratamiento tipográfico aplicados a nuestros libros que puede ser consultado en Linkgua-ediciones.com.

Linkgua edita por encargo diferentes versiones de una misma obra con distintos tratamientos ortotipográficos (actualizaciones de carácter divulgativo de un clásico, o versiones estrictamente fieles a la edición original de referencia).

Este servicio de ediciones a la carta le permitirá, si usted se dedica a la enseñanza, tener una forma de hacer pública su interpretación de un texto y, sobre una versión digitalizada «base», usted podrá introducir interpretaciones del texto fuente. Es un tópico que los profesores denuncien en clase los desmanes de una edición, o vayan comentando errores de interpretación de un texto y esta es una solución útil a esa necesidad del mundo académico.

Asimismo publicamos de manera sistemática, en un mismo catálogo, tesis doctorales y actas de congresos académicos, que son distribuidas a través de nuestra Web.

El servicio de «libros a la carta» funciona de dos formas.

1. Tenemos un fondo de libros digitalizados que usted puede personalizar en tiradas de al menos cinco ejemplares. Estas personalizaciones pueden ser de todo tipo: añadir notas de clase para uso de un grupo de estudiantes,

introducir logos corporativos para uso con fines de marketing empresarial, etc. etc.

2. Buscamos libros descatalogados de otras editoriales y los reeditamos en tiradas cortas a petición de un cliente.

9 788499 538365